Edition Akzente
Herausgegeben von
Michael Krüger

Vilém Flusser
Vogelflüge

Essays zu Natur
und Kultur

Aus dem Portugiesischen
von Edith Flusser

Carl Hanser Verlag

ISBN 978-3-446-23027-9

Umschlag: Nach einem Entwurf von Klaus Detjen
unter Verwendung von *Homing Pigeon, 6* aus:
Eadweard Muybridge, *Animals in Motion* New York 1957
Printed in Germany

Inhalt

Wege 7

Täler 16

Vögel 25

Regen 32

Die Zeder im Park 37

Kühe 44

Gras 49

Finger 56

Der Mond 63

Berge 71

Der falsche Frühling 78

Wiesen 85

Stürme 92

Wunder 99

Knospen 105

Nebel 112

Naturalmente 119

Wege

Zwei Erlebnisse haben in mir einen Wirbel von Überlegungen provoziert. Von denen wird hier berichtet. Zum einen meine erste und die letzte Fahrt über den Ofenpaß, der das Engadintal mit den Tälern des Alto Adige (Etschtal) an der Grenze zwischen Italien, Österreich und der Schweiz verbindet. Zum anderen meine Reise, die ich vor kurzem zu den Menhiren, nach Carnac, in die Bretagne, unternommen habe. Bevor ich die zwei Erfahrungen zusammenbringe, muß ich sie beschreiben.

Der Ofenpaß ist eine asphaltierte, nicht eben übermäßig breite Straße, die selten befahren wird, weil sie wenig bewohnte Gegenden miteinander verbindet. Nichtsdestoweniger wird sie während des ganzen Winters schneefrei gehalten, obwohl für den Verkehr wichtigere Straßen geschlossen werden, weil es keine anderen Straßen zwischen den Regionen, die sie verbindet, gibt. Es geht um eine Nebenstraße der großen Arterie, die von Chur über den Maloja-Paß nach Mailand führt, einer der Nord-Süd-Durchgänge Mitteleuropas. Sie biegt in Zernez, im Engadin, nicht weit von Sankt Moritz, von der großen Arterie ab, steigt dann durch den Nationalpark des Engadins bis in die Höhe von 2300 Metern, führt durch das Venostatal, durch ladinische Dörfer, an gotischen und langobardischen Schlössern vorbei, durch das Etschtal, wo sie auf Straßen stößt, die die Römer nach Rätien gebaut haben. In Bozen (dem klassischen »Pons Drusi«) stößt sie auf die Autobahn München–Rom, die ehemalige Via Claudia Augusta. Über die ist Germanicus im Namen von Rom zu den teutonischen Wäldern vorgedrungen und auf der ist in entgegengesetzter Richtung Kaiser Heinrich, der Büßer, nach Canossa gereist, um dort der päpstlichen Autorität die Krone des Heiligen Imperiums deutscher Nation zu unterstellen. Die Straße über den Ofenpaß, ladinisch: Passo de Fuorn (zweifellos, Passage oder Durchgang durchs Rohr), scheint ein neuer Bau zu sein, dazu bestimmt, einen Teil des großen Lastwagenverkehrs, der in einer ununterbrochenen Kette zwischen Mitteleuropa und der italienischen Halbinsel rollt, zu entlasten. Ein ganz moderner und gewagter Bau, der die fortschrittlichste Technologie erfordert hat.

Ich benutzte sie oft und bewunderte jedesmal nicht nur den majestätischen Blick auf die Berggipfel und Gletscher, sondern auch die Schönheit ihrer Kurven. Dem menschlichen Geist gelang es, auf diese Weise mit wissenschaftlichen Instrumenten ausgestattet, die Geheimnisse der Natur buchstäblich zu lüften und sie der Betrachtung in Form der Schönheit zu öffnen. Bis ich eines Tages in einem Buch über Paläontologie las, daß der Passo de Fuorn jahrtausendelang der Weg der Herden wilder Pferde, des Viehs »Ur« und der Rentiere war, die von Jägern, unseren Ahnen, verfolgt wurden. Der Entwurf der heutigen Straße stammt von diesen Herden. Sie ist das Projekt der Pferde, des Ur-Viehs und der Rentiere. Nur die heutige Durchführung ist, so wie viele der ihr vorausgehenden, Resultat menschlicher Arbeit. Sollten Projekt und Idee verwandte Begriffe sein, dann waren diejenigen, die die Idee hatten, die Straße zu bauen, die Tiere der Tundra. Sie waren es, die es wagten. Und wir, die wir im Auto von Bozen nach Zernez fahren, folgen nur ihren Spuren, genauso wie es die Jäger, unsere Ahnen, getan haben.

Derjenige, der in die Bretagne reist, so wie ich letzte Woche, dringt aus vielen Gründen in geheimnisvolle Regionen. Geheimnisvoll wegen der seltsamen Bauten, den »Kalvarien«, die im Umkreis des Mont Saint Michel, diesem Monstrum von Kloster, diesem Berg Athos des Westens, die Gegend charakterisieren. Geheimnisvoll wegen der pseudochristlichen Legenden der Bretonen, die dorthin übersiedelten, nachdem sie von den Angelsachsen vertrieben worden sind aus der

»großen« Bretagne und immer noch das Bretonische pflegen, obwohl ihre Sprache und Kultur seit langem aus ihrer englischen Heimat verschwunden sind. Geheimnisvoll wegen des ganz seltsamen keltischen Volkes, dem »Volk des Meeres, den Armonikanern«, die weder von den Römern tatsächlich unterworfen wurden noch von den Galliern, Bretonen, Franken und, nebenbei gesagt, auch nicht von den Pariser Bürgern, die dort auf den »armonikanischen« Stränden ihre Apartments bauen. (Nebenbei gesagt, sie sind auch, wie der Rest des Westens, der Massenkultur unterworfen, so daß heute aus den »Armonikanern« Amerikaner werden.) Die Region ist indessen besonders geheimnisvoll durch die Völker, die den Armonikanern vorausgegangen sind und von denen man wenig oder nichts weiß, außer daß sie zwischen den Jahren 1900 und 1500 v. Chr. unglaubliche Bauten in Carnac und, auf der anderen Seite des Kanals, in Stonehenge errichtet haben. Was waren das für Menschen, die 2000 Jahre vor dem Bau der ersten ägyptischen Pyramide absurderweise Tausende von schweren, spitzen und unregelmäßigen Steinen errichtet haben, die das Vielfache des Obelisken auf der Place de la Concorde wiegen und deren Aufstellung die ganze Kraft der Technik der Aufklärung und den ganzen romantischen revolutionären Eifer der Französischen Republik erfordert haben? Ich habe bis heute in der Literatur, in der ich nachgeschlagen habe, keine zufriedenstellende Antwort auf diese Frage gefunden. Nur phantastische Interpretationen sind mir in die Hand gekommen, etwa »Das Erwachen der Magier«, oder banale Interpretationen, frei nach der Freudschen Phallus-Theorie. Solche und ähnliche Interpretationen befriedigen nicht, weil angesichts jedes menschlichen Werkes die Frage nach seinem Motiv und Sinn entsteht. Das ist, was die Kultur von der Natur unterscheidet. Die Werke der Kultur haben einen Sinn, der zu entziffern ist. Die Menhire von Carnac sind absurd geheimnisvoll; wir haben den Schlüssel zum Code ihres Sinns verloren. Wir wissen nicht mehr, warum und wozu sie errichtet wurden, und wir sind genötigt, sie zu »interpretieren«, statt sie zu »lesen«.

Tausende von Menhiren bedecken die von Fischern und Austernzüchtern (Belonnes) besiedelte Ebene von Carnac (ein Name, der auf geheimnisvolle Weise an Ägypten erinnert und dessen Nachsilbe »ac« eine Vergangenheitsform ist, die über das Bronzezeitalter hinausreicht). Sie scheinen beim ersten Anblick ein Haufen chaotisch zerstreuter Ruinen eines übermenschlich großen, bei einem Erdbeben eingestürzten Gebäudes zu sein. Doch nach und nach beginnt der Beobachter zu entdecken, daß das, was ein chaotischer Zufall zu sein schien, in Wirklichkeit eine ultrakomplexe Ordnung ist. Genauer betrachtet, scheinen die Steine keine gigantischen Statuen zu sein, keine »objects trouvés« oder »minimal art« in riesigen Proportionen, sondern Elemente unsichtbarer oder verschwundener Einfriedungen. Wenn wir uns diese riesigen Einfriedungen vorstellen, scheinen sie aus Hunderten von Wegen zu bestehen, die sich immer wieder in einem spitzfindigen geometrischen Muster kreuzen, kolossale Avenuen und Alleen bilden, auf denen der Menhir nur ein Element ist, trotz seiner gigantischen Ausmaße. Und wenn sogar diese Steine in diesem Labyrinth wie Zwerge aussehen, was ist von uns Menschen zu sagen? Wir werden zu Ameisen, die sich desorientiert in den Avenuen und Alleen, die den Wesen einer anderen Ordnung bestimmt waren, bewegen und die versuchen, mit ihren geistigen Antennen die einzelnen Menhire abzutasten, um zu entdecken, welche Wesen es waren, die damals auf den Avenuen gegangen sind. Ohne Zweifel, die Menhire waren von Menschen, wie wir es sind, mit einem schwer vorstellbaren Kraftaufwand und einer unvorstellbaren Methode jeweils da aufgestellt worden, wo sie hingehörten. Aber das Projekt des Baus kann nicht im Geist dieser Menschen entstanden sein. Der Bau kann keinem ihrer Bedürfnisse entsprungen sein. Dieses Projekt muß einen anderen Ursprung gehabt haben und auf eine andere Weise in den Geist der Erbauer »eingegeben« worden sein. Beim Bau der »Reihen« von Carnac mußten diese unbekannten Völker, diese Bewohner der vorägyptischen Bretagne, um sich ziellose Wege zu bahnen, Projekten gehorcht haben, die ihnen unbekannt waren.

Die beiden Erfahrungen, von denen ich berichtet habe, begegnen sich in einem Punkt: im Projekt von Wegen. Meine Gedanken beginnen schnell, in zentrifugalen Kreisen um diesen Punkt zu schwirren, weil die Begriffe »Projekt« und »Weg« bedeutungsschwanger sind. Die Gedankenbewegung diszipliniert sich indessen, wenn sie sich auf einen einzigen, den konkreten Aspekt des Problems konzentriert, wo beide Erfahrungen zusammenfließen. Die Projekte der menschlichen Wege sind nicht notwendigerweise menschlich. Im Fall des Ofenpasses scheint das Projekt vormenschlich, und im Fall der Reihen in Carnac scheint es gar nicht menschlich zu sein.

Sobald sich das Denken auf diesen Aspekt konzentriert, wird eine Unterscheidung zwischen zwei Typen von Wegen möglich: zwischen den vorgefaßten, vorgezeichneten, vorgestellten, bewußt und klar programmierten Wegen und den anderen. Beispiele für die erste Art sind etwa die Monumentale Achse (Eixo Monumental) und die Transamazonica in Brasilien, für den zweiten Typus aber der Ofenpaß und Carnac. Eine solche Unterscheidung kann helfen, das Verständnis der Dialektik zwischen Natur und Kultur zu vertiefen.

Wir neigen dazu, den Unterschied zwischen den bewußt vorgefaßten Wegen und den anderen ihrem Alter zuzuschreiben. Die prähistorischen Wege, deren Pläne und Projekte in Vergessenheit geraten sind, erscheinen uns späten Beobachtern nicht vorgefaßt gewesen zu sein. Die Phänomene bestätigen indessen nicht diese Meinung. Die Salz- und Bernsteinwege, die Europa durchqueren, sind uralt und scheinen vorgefaßte Projekte gewesen zu sein, und der Ofenpaß ist einer der letzten Übergänge über die Alpen. Die Behauptung, ein Weg sei, je älter er ist, desto weniger künstlich, folglich »natürlicher«, kann nicht aufrechterhalten werden. Die Natürlichkeit oder Künstlichkeit eines Weges hängt nicht vom Alter ab, sie kann gar nicht vom Alter abhängen, weil die Geschichte nicht einfach ein Prozeß zunehmender Künstlichkeit ist, sondern ein Prozeß, der periodisch zu seinen natürlichen, ursprünglichen Quellen zurückführt. Es soll noch eine andere Erklärung des Unterschieds zwischen den Wegen versucht werden, und zwar die folgende:

Die vier genannten Beispiele für Wege können neu geordnet werden, nicht nach dem Kriterium ihres Projekts, sondern der Funktion nach, der sie dienen. Der Ofenpaß und die Transamazonica dienen dem Transport von Waren und Menschen; Carnac und die Monumentale Achse sind Symbole, sie befördern Botschaften. Gewiß ist es nicht das einzige Kriterium. Die Monumentale Achse ist auch der Weg, den die Funktionäre der verschiedenen Ministerien zur Arbeit nehmen; und die Alleen in Carnac mußten den Drusen ebenfalls als Straßen gedient haben. Der Ofenpaß und die Transamazonica sind auch Symbole, der Ofenpaß wahrscheinlich für den europäischen Markt und die Transamazonica für Großbrasilien. Die symbolische Funktion überwiegt indessen in einem der Paare und die ökonomische Funktion in dem anderen. Wenn wir also vom Kriterium der Funktion ausgehen, wird der Unterschied zwischen den vorgefaßten Wegen und den anderen klarer.

Der Ofenpaß ist eine technisch besser ausgeführte Straße als die Transamazonica, die auf großen Strecken eine Landstraße ist. In diesem Sinn ist der Ofenpaß »künstlicher«, ist mehr Kultur, weniger »Natur«. Die Transamazonica dagegen setzt sich in der Landschaft, die sie durchquert, mehr durch, sie kämpft sich nicht nur durch die Landschaft, sondern kämpft auch gegen sie. Sie verschlingt den Wald, während ihn der Ofenpaß betont. In diesem Sinn ist die Transamazonica viel künstlicher, ist mehr Kultur, sie betont viel mehr die Fähigkeit des Menschen, Entschlüsse über die natürlichen Bedingungen zu fassen. Der Code, an dem die Monumentale Achse als Symbol teilnimmt für die wunderbare Zukunft Großbrasiliens ist viel denotativer, klarer und deutlicher als der Code, an dem Carnac teilnimmt; und nicht nur, weil wir den Schlüssel zu diesem Code verloren haben. Der Code von Carnac muß immer schon geheim und höchst konnotativ gewesen sein. Die Botschaft der Monumentalen Achse verlangt eine andere Lesart als Carnac: eine intellektuellere, weniger intuitive. In diesem Sinn ist die Monumentale Achse viel künstlicher und kulturell fortschrittlicher als Carnac: sie drückt viel stärker den menschlichen Willen aus, der Welt einen Sinn zu geben. Also hängt die Künstlichkeit eines Weges weder von seinem Projekt noch von seiner Funktion ab, vielmehr von seinem existentiellen Klima. Auf künstlichen, kulturellen Wegen schritten die Menschen stolz in Richtung eines Schicksals, das sie selbst entworfen haben. Auf geheimen, natürlichen Wegen folgten Menschen Schritten unbekannter oder nur erahnter Wesen in Richtung eines unbekannten oder nur leicht erahnten Schicksals. Oder sie bewegten sich, wie in Carnac, scheinbar ganz ziellos. Zwei Arten von Wegen, zwei Arten von »homo viator«.

Indes, diese Unterscheidung zwischen natürlichen und künstlichen Wegen gibt im ersten Augenblick eine ganz unbefriedigende Idee von »Kunst« und »Kultur«. Denn hiernach wäre »Kultur« der Druck des menschlichen Geistes auf die ganze, unbedeutende »Natur« und »Kunst« die Methode, auf welche Weise sich der menschliche Geist in der Natur durchsetzt. Obwohl tatsächlich viele dieser Meinung sind, ist sie unbefriedigend, was die Betrachtung des Ofenpasses und Carnacs beweist. Wäre diese Meinung zufriedenstellend, müßte die Transamazonica kulturell fortschrittlicher sein als der Ofenpaß und die Monumentale Achse ein bedeutenderes Kunstwerk als Carnac sein, weil sich der menschliche Geist in der Transamazonica und in der Monumentalen Achse deutlicher auf die Natur der Gerais und den Wald entwirft. In Wirklichkeit aber vermittelt der Ofenpaß, weil er nachhaltige Ein- und

Ausblicke bietet, den Eindruck eines Kunstwerks, und Carnac stellt sich als Zeuge einer verlorenen und vergessenen Kultur dar, die ebenso bedeutend und »gültig« ist wie unsere. Folglich sind antinatürliche Wege nicht notwendigerweise Früchte einer höher entwickelten Kunst, und Kultur ist nicht notwendigerweise Gegen-Natur.

Die Unterscheidung der zwei Wege soll vielmehr besagen, daß es zwei Typen von Kulturen gibt, von denen jede eine andere Kunst anwendet. Der erste Typus wäre das Resultat der Bemühung, die Natur durch Arbeit zu fördern und die Essenz der Natur immer mehr glänzen zu lassen; die Kunst wäre die Methode, mit deren Hilfe die Essenz enthüllt wird. Der Ofenpaß und Carnac wären Werke einer solchen Kultur. Der zweite Typus von Kultur wäre tatsächlich das Produkt der Versuche, die Natur zum Feld menschlicher Entwürfe zu machen, um die Essenz des menschlichen Geistes immer besser erstrahlen zu lassen, und ihre Kunst wäre die Methode, mit der diese Essenz enthüllt wird. Die Transamazonica und die Monumentale Achse wären Werke dieser Art Kultur. Eine solche Schematisierung vereinfacht indessen das Problem. Es gibt die zwei Arten von Kultur und Kunst nicht in reinem Zustand, und es hat sie nie gegeben. Jede konkrete Kultur und Kunst ist eher eine Mischung oder Synthese der beiden, was eine ontologische Unterscheidung zwischen Kulturen, wie auch eine strenge Dialektik zwischen Kultur und Natur, zu einem Problem macht.

Das bedeutet, daß der Homo viator kein Wesen ist, das zwischen entworfenen oder geheimnisvollen Wegen wählen kann, und daß er überlegt oder spontan handeln kann. Er bewegt sich abwechselnd bald auf entworfenen, bald auf geheimnisvollen Wegen, und er tut es überlegt oder spontan. Der Ofenpaß und Carnac einerseits, die Transamazonica und die Monumentale Achse andererseits sind Grenzsituationen. Die Mehrzahl der Wege ist wie die Autostrada del Sole und die deutsche Autobahn oder wie alle beliebigen Straßen, die mehr oder weniger »schlecht« entworfen sind, weil es dem menschlichen Geist nicht vollkommen gelungen ist, sich durchzusetzen. Der Regel nach bewegen wir uns auf solchen Wegen.

Täler

Es gibt verschiedene Arten, mit der Natur in Beziehung zu treten, und je nach unserem Geschmack kann diese Beziehung »theoretisch«, »übernatürlich« oder »perspektivisch« genannt werden. Eine Möglichkeit, die Natur anzuschauen, ist, sie als Landkarte zu betrachten. In diesem Fall kehren wir die epistemologische Beziehung zwischen der Landschaft und der Landkarte um. Die Landkarte repräsentiert nicht mehr die Landschaft, sondern jetzt repräsentiert die Landschaft die Landkarte. Die Landkarte ist kein Instrument mehr, mit dem wir uns in der Landschaft orientieren, sondern es ist jetzt die Landschaft, die hilft, uns auf der Landkarte zu orientieren. Die Funktion der Angleichung der Landkarte an die Landschaft hört auf, wahr zu sein, und wird Funktion der Angleichung der Landschaft an die Landkarte. Ein derartiger Idealismus wurde uns im Gymnasium eingepaukt; er drückt sich sehr gut im Satz aus: »Das Meer ist blau, und das britische Commonwealth ist rosa.«

Im Horizont dieses Idealismus sind Täler Wege, auf denen Wasser in Richtung des Ozeans fließt. Ist das eine »wissenschaftliche« Sicht? Für diesen Fall haben wir ein bestimmtes Modell: den Wasserkreislauf. Der Ursprung dieses Modells interessiert hier nicht. Das Modell sieht vor (im Sinn von »es zwingt«, »es sagt voraus«), daß eine der Phasen des Wasserkreislaufs das Gefälle vom Gebirge ins Tal ist. Der Blick auf die Landschaft bestätigt dieses Modell. Das heißt: Die Landschaft paßt sich dem Modell (der »Landkarte«) an, bejaht es. Täler sind bejahende Antworten auf die »geistigen« (formalen) Untersuchungen der Landkarte. Ist das nicht Wahnsinn? Ja, in dem Sinn, in dem der »Geist« wahnsinnig ist, in dem der Mensch ein wahnsinniges Tier ist. Nicht in dem Sinn, daß der

»Geist« eine Verneinung des Menschen als Tier wäre, das Täler mit dem Bau von Dämmen verändern könnte. Ein solcher Blick ist einem Ingenieur »angemessen«, für den Bewohner des Tales ist dieser Blick wahnsinnig. Können Ingenieure nicht im Tal wohnen? Nein, sie können es nicht, als Ingenieure wohnen sie auf Landkarten.

Ich bin kein Ingenieur und wohne in einem Tal. Wohne ich tatsächlich? Obwohl ich kein Ingenieur bin, bin ich trotzdem ein Mensch. Ein wahnsinniges Tier. Auch ich wurde aus dem Paradies verstoßen, nicht nur die Ingenieure. Ich kann nicht im Tal wohnen, ich kann es zumindest nicht vollständig. Auch ich wohne teilweise im Land der künstlichen Erfindungen, obwohl sie nicht die Erfindungen eines Ingenieurs sind. Ich befasse mich nicht mit »Naturwissenschaften«. Weh mir, ich bin ein Humanist. Mein Wahnsinn ist ein anderer. Täler sind Wege auch für mich, doch gewiß nicht Wasserwege. Es sind Wege für Menschen. Deshalb kann ich im Tal nicht ganz integriert sein, wie es z. B. Rehe sind. Rehe gehen im Tal, und ich gehe durch das Tal. Ich durchquere das Tal (sei es das der Tränen, sei es das Tal des Lächelns). Homo viator. Reisender Ritter, wandernder Jud. Ein Fremder. Doch nicht vollständig ein Fremder. Wenn ich durch das Tal des Schattens des Todes gehe, bist Du bei mir. Wie grün ist also mein Tal! Das Tal gehört mir, und nicht ich gehöre dem Tal. Ich gehöre ihm nicht, weil auch ich über Landkarten verfüge, denen ich mich anpassen muß und denen das Tal bejahend oder verneinend antworten soll.

Meine Landkarte, meine Erfindung ist folgende: Die Menschheit ist eine Horde von Invasoren, von Immigranten. Sie bricht seit wahrscheinlich 8 000 000 Jahren in die Landschaft ein. In verschiedenen Wellen, auf der Suche nach Rentieren, Mammuts, Gräsern, Vieh, Salz, Kohle, Elektrizität, kurz, auf der Suche nach Glück. Woher die Horde kommt, weiß man nicht. Es wäre wahrscheinlich eine »falsche« Frage, danach zu fragen, denn es gibt keine Methode, sie zu beantworten. Sie scheint zwar nicht »falsch« zu sein, weil 8 000 000 Jahre schließlich und endlich keine so lange Zeit sind. Wo die Horde hinzieht, weiß man. Sie steigt, sie wandert den Flüssen entlang, den Bächen, in entgegengesetzter Richtung des Wassers. Sie durchwandert die Täler, diese Arterien, durch die das Blut der Menschheit fließt. Die schmalen Bergtäler sind die Kapillargefäße. Dort stockt die Invasion. Die schmalen Bergtäler sind Dämme im umgekehrten Sinn der Ingenieure. Auf meiner Landkarte sind die Ersten die Letzten: Die mutigsten Bandeiranten, die die Spitze der Lanze der Eindringlinge bilden und die in die engsten Täler dringen, werden dort eingedämmt, sie werden zu den letzten Spuren der Horde. Ich wohne (im problematischen Sinn des Wortes) in einem engen Bergtal. Antworte jetzt »ja oder nein«, mein Tal. Antworte auf meine »perspektivistische«, geschichtliche, humanistische Frage.

Dieses Tal hier war wahrscheinlich in der letzten Interglazialperiode von den Homines heidelbergensis bewohnt, als unten in der Ebene schon die Homines sapiensis wohnten. Als die Ebene schon neolithisch war und dort Gras gepflanzt wurde, hat man hier oben noch mit altsteinzeitlichen Methoden Bergziegen gejagt. Als man im Tal rätoromanisch sprach und Bronze benutzte, gab es hier noch neolithische Dörfer ohne Arbeitsteilung. Hier wurde rätoromanisch gesprochen, als in der Ebene (und draußen in der Welt) schon griechisch und lateinisch gesprochen wurde. Als der deutsche Mittelstand das Heilige Deutsche Reich beherrschte, wurde hier oben noch ladinisch gesprochen. Und heute spricht man hier deutsch, während in der Ebene schon italienisch gesprochen wird. Aber in den kleinen Seitentälern spricht man noch ladinisch. Das Rätoromanische hat sich noch in kleinen Siedlungen, in den über 3000 m hohen Schluchten erhalten. Und es gibt auch noch immer neolithisch gebaute Bauernhäuser. In den isolierten kleinen Seen, am Fuß der Gletscher, wird noch heute auf altsteinzeitliche Weise gefischt. Und gibt es nicht in den Gesichtern der Bergbewohner vielleicht Züge des Neandertalers und des Homo heidelbergensis? Mein Tal hat mir geantwortet: »Ja, ich bin nach deiner Landkarte gebaut.« Ich lebe im Damm der menschlichen Geschichte, in der das »Vorhergehende« zu dem »Talbergauf« und das »Spätere« zu »Talbergab« wird. Es ist die der Geologie entgegengesetzte Ablagerung und ist nicht überraschend: Die Menschheit besitzt Landkarten, die den Landkarten der »Naturwissenschaften« widersprechen. Die zwei Disziplinen laufen in gegensätzlicher Zeit. In den Naturwissenschaften läuft die Zeit in Richtung der Entropie; bei den Menschen in Richtung zunehmender Information. Das Wasser fließt in entgegengesetzter Richtung zum Strom der Menschheit. Die geschichtliche Ablagerung meines Tals widerspricht der geologischen Ablagerung, so wie sich der »Geist« der Welt widersetzt. Die Welt ist ein Durchgang und der »Geist« ein Abenteuer.

Mein Tal ist nicht nur interessant, weil ich dort wohne. Es kann verallgemeinert werden. Funktioniert der »Geist« nicht, indem er generalisiert, klassifiziert und nach »oben« projiziert? Entleerend? Dieses mein konkretes Tal hier kann zur leeren Form einer »Klasse von Tälern« verallgemeinert werden, und deshalb ist es interessant. Es kann zum konkreten Beispiel für die abstrakte Klasse »Täler« werden. Folglich eine epistemologische Umkehrung. Mein Tal ist interessant, weil es dieser Umkehrung zufolge Fragen nach Tradition oder Fortschritt erlaubt. Auf meiner Landkarte sind Täler Orte, an denen sich der Fortschritt ausdehnt und dann stagniert. Und zwar in einer gewissen Struktur stagniert. In der Struktur des »Gedächtnisses« im platonischen, biologischen, psychologischen, kybernetischen (und vielleicht noch in einem anderen) Sinn. Täler auf meiner Landkarte sind Lager, Konserven von Informationen. Traditionell konservativ. Auf meiner Landkarte läuft der Fortschritt bergauf, damit er in den engsten Tälern erhalten bleibt. Das Ziel meiner Landkarte ist es, den Fortschritt zu erhalten. Das ist so, weil meine Landkarte die eines Humanisten ist und nicht die eines Ingenieurs. Deshalb erscheint auf ihr das »nunc stans« des Tales als Ziel von »panta rhei«, als »Shangri-La«. Jeder Humanismus ist utopisch: Er strebt nach der großen Fülle des Tals und sieht in der weiten Leere der Ebene nur eine Station auf diesem Weg.

Der erste Versuch einer Antwort: Täler sind gegliedert. Sie sind eng und von Hindernissen umgeben, die nur wenige und schwierige Durchgänge zulassen. Sie werden durch die Gliederung »organisch«, das bedeutet, daß sie kaum mechanisierbar sind. Sie können von »Massen«, die sich mechanisch bewegen, nicht leicht gefüllt werden. Weder kann in ihnen eine pharaonische Pyramide noch ein Circus maximus oder eine fünfzigstöckige Bank einfach gebaut werden. Das alles paßt nicht in Täler, aber nicht, weil Täler »klein« sind. Die sie umgebenden Berge sind viel höher als Pyramiden, als der Circus und die fünfzigstöckigen Banken, und der Eindruck von Tälern ist kolossal. Nicht weil die Täler »klein« sind, sondern weil sie gegliedert sind, eignen sie sich nicht für die Massenkultur. Folglich ist der massenbildende Fortschritt in der Ebene dazu bestimmt, in den Tälern artikuliert (»humanisiert«) zu werden.

Der zweite Versuch einer Antwort: Täler beheimaten. Jedes Tal bildet ein Universum mit seiner eigenen Fauna und Flora, die etwas anders ist als im benachbarten Tal. Mit seiner eigenen Ökonomie und sozialen Struktur, mit seiner eigenen Architektur, Musik und seinen eigenen Sagen. Die Universa, die die Täler bilden, stehen miteinander nur über die Ebene, die allen gehört, in Verbindung. In diesem Sinn beheimaten Täler; nicht weil sie vom Rest der Welt isolieren, sondern weil sie indirekt und auf großen Umwegen in Verbindung stehen. Das unterscheidet wahrscheinlich die Kulturen, die im Gewebe (Netz) enger Täler sprießen, von den Kulturen der Ebenen; sie sind »konföderativ« und nicht »föderal« wie jene. So unterscheiden sich z. B. die griechische, jüdische, tibetische, die Tolteken- und Inkakultur von der römischen, mesopotamischen, Maya-, Hindu- und Chipchakultur. Folglich ist die »Zivilisation« der Ebene dazu bestimmt, in den Tälern kultiviert zu werden.

Es gibt andere Antworten der gleichen Art, die möglich und einfach formulierbar sind. Alle werden behaupten, daß die Geschichte ein Prozeß ist, deren Ziel die Täler sind; oder daß ein Ereignis im Gedächtnis erhalten bleiben soll; oder daß der Fortschritt ein Prozeß ist, dessen Ziel die Tradition ist. Kurz, alle werden behaupten, daß das Erhalten von Informationen (Negentropie) das Ziel der Menschheit ist. Und werden außerdem sagen, daß Täler (Gedächtnis, Tradition, Negentropie) keine Orte des Stillstands sind, in denen sich nichts mehr abspielt. Im Gegenteil, sie sind Orte, in denen die Information andauernd neu gruppiert und neu strukturiert wird. Für die Kommunikationsforschung sind Täler Orte, in denen der Diskurs der Ebene zum Dialog wird. Deswegen sind Täler Orte der Denker und Dichter, von Heraklit bis zu Nietzsche, von David bis zu Rilke. Es sind keine Orte für Propheten. Propheten wohnen nicht in Tälern. Meine Landkarte faßt keine Propheten, ich muß die Karte erweitern.

Propheten durchwandern Täler und steigen bis auf die Berggipfel. Sie gehen einen Schritt weiter als die Bewohner des Tals. Dann kehren sie um. Auf dem Rückweg ruhen sie kaum aus im Tal, das sie durchqueren. Sie wenden sich direkt der Ebene zu, um über die »Neuigkeit« zu berichten. Sie erzählen vom Blick, den sie auf dem Gipfel hatten. Für die Propheten ist das Tal die Verbindung (Kanal) zwischen der Ebene und dem Gipfel, zwischen dem Gipfel und der Ebene: eine ambivalente Verbindung. Beim Aufstieg ist das Tal die Verbindung zwischen Redundanz und Geräusch; beim Abstieg zwischen dem Geräusch und einer neuen Information. Beim Aufstieg Verbindung zwischen entfremdeter Massengesellschaft und Einsamkeit; beim Abstieg zwischen der Einsamkeit und einem Engagement. So ist das Tal auf der Landkarte, die vom Berggipfel aus projiziert wurde, kein Damm mehr, sondern die Mitte des Wegs. Derjenige, der sich auf einer solchen Landkarte im Tal befindet, ist in der Mitte seines Lebens. Und die Frage, die man sich auf einer solchen Landkarte stellt, ist diese: Ist der, der noch im Tal ist, im Aufstieg oder schon im Abstieg begriffen, ist er noch ein Denker (der die »Prosa« der Ebene neu gestaltet) oder schon ein Dichter (der die nächste Dichtung vorbereitet)?

Auf dieser zweiten Landkarte also, die nicht mehr historisch, sondern ebenso formal ist wie die des Ingenieurs, erscheint die Menschheit nicht mehr als Fluß, der durch die Täler steigt, als Kreislauf in entgegengesetzter Richtung des Wassers. Die Menschheit steigt nur durch die Kapillargefäße der engen Täler, schleudert Tropfen bis zu den Bergspitzen, und diese Tropfen kehren mit Neuigkeiten zurück, um die Ebene zu beleben. Dieser Kreislauf der Menschheit steigt in großen Flüssen (großen »Tendenzen«), verzweigt sich oben in Deltas (allerlei »Häresien«), erreicht die Berggipfel in individuellen Tropfen (große Häretiker), die ausdampfen und sich von neuem zu einem belebenden Regen kondensieren (Prophetie). Infolgedessen sind auf dieser zweiten Landkarte Täler andere Wege als auf der ersten Landkarte. Es sind keine Wege mehr, die zum Ziel führen, sondern Wege, die zur Rückkehr hinführen. »Entscheidende« Wege.

Wer nie bergauf gegangen ist, hat nie gelebt. Er vegetiert in der Ebene. Es fehlt ihm die dritte Dimension, die des Sublimen. Wer aber durch das Tal bergauf gegangen und dort geblieben ist, hat ebensowenig gelebt. Es ist wahr, er hat seine Wurzeln herausgerissen, er hat sich entfremdet. Er blieb aber frei, verfügbar. Er muß sich entscheiden. Entweder noch weiter zu steigen, sich noch mehr auf diesen Berggipfeln zu isolieren, die Rilke »die des Herzens« nannte, dort, wo nicht einmal mehr Adler wohnen. Es zu wagen, sich der Einsamkeit auszusetzen, von der Unamuno sagt, er hätte dort »seine Wahrheit verloren«. Solange er unentschlossen ist, kann er keinen

Virgil, Godot oder Alpenführer mehr erwarten. Oder soll er ins Tal zurückkehren, ohne den Aufstieg riskiert zu haben, gewiß nicht, um sich von neuem zu integrieren, um sich zu engagieren. Denn für den, der jetzt im Tal ist, ist eine Integration nicht mehr möglich. Sie wäre von jetzt an Synonym für Promiskuität, weil der, der das Tal hinaufstieg, Apokalyptiker wurde und sich nie wird integrieren können. Der »Rückweg« kann den Aufstieg nie mehr ungültig machen. Der, der zurückkommt, ist nicht mehr der gleiche, er ist verändert. Die Erfahrung hat ihn verwandelt, selbst wenn er nicht bis auf den Kamm kam. Der, der das Tal bergauf ging, muß folgende Wahl gehabt haben: Einsamkeit ohne garantierte Rückkehr oder Rückkehr, ohne den Gipfel gesehen zu haben.

Diejenigen, die im Tal geboren sind, sehen die Berggipfel nicht. Sie sehen den Boden, den sie bearbeiten, und sehen selten die Ebene, wo sie die Produkte ihrer Arbeit tauschen. Selten schauen sie in die Ebene, weil diese meistens vernebelt ist. Die, die im Tal geboren sind, nehmen deshalb an, daß sie über den Wolken geboren sind. Sie irren sich. Sie wurden mitten am Weg geboren. Ebenso irren sich die, die in der Ebene geboren sind und sie nie verlassen haben. Sie meinen, unter dem Himmel geboren zu sein, während sie in Wirklichkeit unter dem Nebel geboren sind, der weder erlaubt, Täler noch Berggipfel zu sehen. Aber der, der in der Ebene geboren ist und das Tal bergauf gegangen ist, sieht zuerst die schroffen, unbegehbaren Berggipfel und dann den zart grünen Boden des Tals. Da er aber ein Wanderer ist, sieht er die Landschaft als Bestätigung der Landkarten in seiner Tasche. Zwei Landkarten. Die erste zeigt das Tal als den Weg zum Ziel. Die zweite zeigt das Tal als den Höhepunkt und Ort der Rückkehr. Die erste Landkarte wurde im belastenden Klima der Ebene entworfen und strebt danach, den Reisenden zu befreien. Die zweite Landkarte ist im Tal selbst entworfen worden und trachtet danach, die Ebene und ihr Klima zu ändern. Beide Landkarten sind gleich angemessen. Wenn die

Landschaft befragt wird, antworten beide bejahend. Der Entschluß, welche der beiden Landkarten benutzt werden soll, kann nicht auf der Basis der Landkarten gefaßt werden. Beide sind gleich geeignet, auch auf der Basis eines Vergleichs mit Hilfe einer Meta-Karte. Der Entschluß, der gefaßt wird, muß »absurd«, grundlos sein.

Und das ist die Grenze des Wahnsinns, die der menschliche Geist ist. Es ist sehr gut möglich, Landkarten zu entwerfen. Es ist sehr gut möglich, die Beziehung zwischen der Landkarte und der Landschaft umzukehren und nicht die Landkarte zu befragen, um sich in der Landschaft zu orientieren, sondern die Landschaft zu befragen, um sich auf der Karte zu orientieren. Eine solche Art Wahnsinn ist durchaus möglich. Wenn es aber darum geht, einen Entschluß zu fassen, helfen die Landkarten nicht. Authentische Entschlüsse sind absurd. Und das Absurde ist das Konkrete (das nicht Klassifizierbare, das nicht Verallgemeinerbare, das nicht Normalisierbare). Wenn ein Entschluß gefaßt wurde, verschwindet der Wahnsinn. Der Entschluß spielt sich im Konkreten ab. Täler sind die Wege der Entschlüsse, konkrete Orte. Orte, an denen es zu einer bestimmten Zeit nötig wird, alle Landkarten wegzuwerfen, auf die Gefahr hin, im »Übernatürlichen«, im »Theoretischen«, in der »Perspektive« zu schweben. Weil Täler eben fast übernatürliche, fast theoretische, fast perspektivistische Orte sind, sind sie Grenzsituationen. Laut Jaspers entschließt man sich dort zum Durchbruch, nicht zur Entscheidung. Kurz: Täler sind Orte, wo, wenn so entschlossen wird, die Verfügbarkeit ein Engagement werden kann.

Vögel

Wir können den Flug der Vögel nicht mehr so erleben, wie ihn unsere Vorfahren erlebt haben: als einen unmöglichen Traum. Vögel haben aufgehört, jene Wesen zu sein, die den Raum zwischen uns und dem Himmel bewohnen, sie sind zu Wesen geworden, die den Raum zwischen unseren Autos und Sportflugzeugen bewohnen. Einst Bindeglieder zwischen Tier und Engel, sind sie nun Gegenstand für die Verhaltensforschung. Sollten wir unsere Erfahrung mit Vögeln in die unserer Vorfahren einschließen, werden wir sagen müssen, daß alle Vögel für uns das sind, was für sie Hühner waren: schlecht fliegende Lebewesen. Nun, eine solche Veränderung unserer Einstellung in bezug auf Vögel und auf das Fliegen (durch das Flugwesen und die Raumfahrt bedingt) hat einen bedeutenden Effekt auf unsere Weltanschauung. Wir haben eins der traditionellen Ideale der Freiheit und die konkrete Sicht auf das »Sublime« verloren.

Der Versuch, uns in den Blick unserer Ahnen auf das Fliegen zu versetzen, wird durch zwei Faktoren erschwert: durch unseren eigenen Blick auf das Fliegen und durch den Mythos des Fliegens. Die zwei Schwierigkeiten zerreißen unsere Bindung an unsere Tradition auf entgegengesetzte Weise: Die erste schließt uns aus der Tradition aus, und die zweite läßt uns in einer ganz neuen Weise an ihr teilnehmen. Anders gesagt, infolge des neuen Blicks auf den Flug der Vögel können wir nicht mehr verstehen, wie ihn unsere Ahnen gesehen haben. Und da wir am gleichen Mythos des Fliegens teilnehmen, verstehen wir nicht, wie unsere Ahnen den Blick auf den Flug mit diesem Mythos zusammenbrachten. Die beiden Schwierigkeiten werde ich zu erklären versuchen.

Schauen wir uns drei Arten des Vogelflugs an: den des Falken, den des Kolibris und den der Schwalbe. Es bieten sich uns spontan drei Modelle an; der Falke schwebt wie ein Segelflugzeug, der Kolibri wie ein Helikopter, und die Schwalbe fliegt wie ein Jagdflugzeug. Denken wir über die drei Modelle nach, dann stellen wir fest, daß ihre Beziehung zu den erfaßten Phänomenen komplex ist: Die drei Flugmaschinen, die als Modell dienen, sind teilweise Kopien der Vögel selbst und teilweise Resultat der Entwicklung, die möglich wurde, nachdem der Vogel als Modell abgeschafft wurde. Wenn wir Vögel als fliegende Apparate sehen, vollziehen wir nicht die klassische Umkehr der gewohnten Beziehung zwischen Modelliertem und Modell, die sonst unseren Blick auf die Dinge charakterisiert. Wir sehen die Arme als Hebel, weil sie das Modell für den Hebel waren, und wir sehen Spiegel wie Oberflächen von Seen, weil Seen das Modell für Spiegel waren. Vögel aber sehen wir als fliegende Apparate, obwohl solche Apparate nicht Vögel zum Modell hatten, sondern aerodynamische Gleichungen. In diesem Sinn sind Flugzeuge weniger natürliche Instrumente als Hebel und Spiegel: Sie haben keine Dinge aus der Natur als Modell, sondern aerodynamische Gleichungen. So gesehen, sind Flugzeuge weniger »natürliche« Werkzeuge als Hebel und Spiegel: Ihr Modell ist kein Ding aus der Natur. Und wenn wir den Flug von Vögeln als Modell für das Flugwesen annehmen (und wir tun das ganz unwillkürlich), denaturalisieren wir spontan das Fliegen.

Unsere Ahnen müssen andere Modelle zum Begreifen der drei Flugarten gehabt haben. Der Falke muß für sie wie eine Wolke geflogen sein, der Kolibri wie ein Kuß, die Schwalbe wie ein Pfeil. (Und andere Modelle werden von der Literatur entworfen, die die Quelle für unser Verständnis des Blicks unserer Ahnen ist.) Für uns aber ist so ein traditioneller Blick auf das Fliegen notwendigerweise poetisch verkitscht, d. h. falsch. Wer heute vom Kolibri behauptet, er küsse Blumen (und nicht, daß er sich vertikal über der Blume hält), ist unaufrichtig, weil er ganz spontan das Modell eines Helikopters vor sich hat. Den Vogelflug so zu sehen, wie ihn unsere Ahnen gesehen haben, bedeutet, das Fliegen verkitschen zu wollen. Darin beruht die erste Schwierigkeit.

Der Mythos des Fliegens, so wie er sich in unzähligen Mythologien und Träumen manifestiert und wie er unzählige Träumer inspiriert hat, angefangen beim Schneiderlein von Ulm und Leonardo bis zu Jules Verne und der NASA, ist in uns ebenso lebendig wie in unseren Ahnen. Und überhaupt ist die These, daß Mythen ewige »Projekte« sind, die Geschichte entwerfen, aber von der Geschichte nicht überholbar sind, in Psychologie und Soziologie gut fundiert. Aber der gleiche Mythos hat für diejenigen, die mit dem Fliegen Erfahrung haben, eine ganz andere Bedeutung als für unsere Ahnen, denen das Fliegen ein unmöglicher Traum war. Beim Fliegen mit einem Düsenflugzeug von São Paulo nach Paris werden wir von einer ambivalenten Empfindung erfaßt. Einerseits wissen wir, daß wir viel »besser« als Falken fliegen (höher, weiter und schneller), daß folglich unsere Wirklichkeit unseren Mythos überholt hat. Andererseits fühlen wir, daß das Fliegen in einem Düsenflugzeug keine »Botschaft« eines Mythos ist und daß es nicht das gewesen sein kann, was Ikarus und Leonardo inspiriert hat. Nachdem der Mythos aufgehört hat, ein unmöglicher Traum zu sein, wurde er ein unträumbarer Traum, der weiterbesteht. Wenn eine der fundamentalen Thesen des Marxismus lautet, daß verwirklichte Träume tote Träume sind, wird dabei die Dialektik vergessen: Tote Träume bestehen weiter. Es ist klar, wir können fliegen, und wir können »besser« fliegen, als es Leonardo träumte, doch zugleich ziehen wir Leonardos Traum unserer Realität vor. Es nützt nichts, daß der Flugplatz von Fiumicino »Aeroporto Leonardo da Vinci« (diese Vulgarität ist für die Realität unserer Flüge charakteristisch) heißt.

Die Beobachtung des Flugs des Falken, des Kolibris und der Schwalbe war für unsere Ahnen die Vorstellung eines unmöglichen Traums. »Wenn ich ein Vöglein wäre und zwei Flügel hätte, würde ich bis zu dir fliegen«, sagt ein Volkslied, das heute nicht mehr ehrlich gesungen werden kann. Unsere Ahnen projizierten den Mythos vom Flug auf die Vögel und taten es spontan, weil die Vögel am Ursprung des Mythos sind. Wir können es aber nicht mehr, weil unsere Wirklichkeit des Fliegens den Flug der Vögel überholt hat, ohne den Mythos überholt zu haben. Hierin beruht die zweite Schwierigkeit.

Wir können also den Flug der Vögel nicht mehr auf die gleiche Weise erleben wie unsere Ahnen. Eine solche Unmöglichkeit erlaubt es uns andererseits, besser als sie es konnten, zu verstehen, welche Bedeutung der Vogelflug für sie hatte. Sie glaubten vielleicht, daß »wie ein Vogel zu fliegen« und die Welt von oben zu sehen bedeutet, alle unüberbrückbaren Hindernisse aus dem Weg zu räumen. Entfernung ist folglich Freiheit. Eine solche »Sublimation« und Freiheit ziehen uns nicht an: Wir wissen, was sie bedeuten. Es gibt aber im Traum, »wie ein Vogel zu fliegen«, etwas mehr, das unsere Ahnen spürten, ohne es deutlich zu betonen. Die Zweidimensionalität wird überholt. Die Tatsache, daß wir Gefangene der Zweidimensionalität sind, ist uns im allgemeinen nicht bewußt. Wir haben die Illusion, daß wir uns in drei Dimensionen bewegen. Die Wirklichkeit verurteilt uns indessen zu unserer Erdgebundenheit, zur Fläche (zur Erdoberfläche). Nur unsere Hände erlauben uns eine Öffnung in die dritte Dimension, in das »Erfassen«, »Festhalten« und »Bearbeiten« von Körpern. Wie ein Vogel zu fliegen heißt, den ganzen Körper so zu benutzen, als wäre er die Hand und als ob er sich ganz im Raum bewegen könnte. Dieser Aspekt des Mythos vom Fliegen wird erst nach Verwirklichung des »Aufsteigens« ersichtlich, dann, wenn die Grenzen überholt sind.

Beim Beobachten des Vogelflugs sind wir in Gegenwart von Körpern, die sich frei in den drei Dimensionen des Raumes bewegen und in allen ihren Gesten eine dreidimensionale Einstellung einnehmen. Nicht nur weil »hinauf« und »hinunter« das gleiche ist wie »nach hinten«, »nach vorne«, »nach rechts«, »nach links«, sondern daß »den Flügel neigen« das gleiche ist wie »um eine Ecke biegen«. Wir sind in Gegenwart von Wesen, die in jeder Situation viel mehr Entscheidungen treffen müssen als erdgebundene Wesen: Die Diagonalen, die sich einem Vogel bei Angriff und Flucht bieten, sind nicht Kreise, sondern Sphären. Der fliegende Vogel ist nicht wie ein erdgebundenes Tier Zentrum einer vitalen Struktur ineinandergreifender Kreise, sondern ineinandergreifender Sphären. Die Formationen wandernder Vögel befolgen Regeln der dreidimensionalen Geometrie, und der »mysteriöse« Orientierungssinn der Vögel ist für uns mysteriös, weil sich die Vögel in drei Dimensionen orientieren. »Wie ein Vogel zu fliegen« würde bedeuten, sich in der Dreidimensionalität entscheiden, organisieren und orientieren zu können.

Die erdgebundenen Tiere und insbesondere der Mensch entbehren nicht ganz der Öffnung zum offenen Raum. Aber die »dritte« Dimension erschöpft sich hier quasi in auf dem Boden übereinanderliegenden Epizyklen. Die Bewegung der Beine, Hälse und Schwänze sind von der Ebene in die dritte Dimension gewandt. Und die Sinne, ganz besonders der Gesichtssinn, sind Organe, die Informationen aus allen drei Dimensionen sammeln. Für die erdgebundenen Tiere, inklusive den Menschen, ist der Raum ein Ozean, der die ebene Insel, die sie bewohnen, umspült. Deshalb die Ähnlichkeit zwischen Vogel und Fisch: beide sind Bewohner des Ozean-Raumes. Vögel schwimmen in der Luft, so wie im Wasser Fische fliegen. Der einzige Unterschied zwischen ihnen ist, daß der Flug des Vogels die Freiheit der Bewegung im Raum betont, wogegen das Schwimmen des Fisches die Betonung auf die Bedingtheit legt. Das Klima vom Mythos des Fisches ist ein anderes als das Klima vom Mythos des Fliegens.

Der Mensch unterscheidet sich von den anderen erdgebundenen Tieren durch seine aufrechte Haltung: dadurch, daß sich der ganze Körper zum offenen Raum hin wendet. Eine solche Position erlaubt es dem Menschen, von der Ebene aus

»den Raum zu erobern«. (Der Vogel braucht den Raum nicht zu erobern, er ist in ihm.) Die aufrechte menschliche Haltung führt nicht zur Befreiung des ganzen menschlichen Körpers im Raum. Sie öffnet nur verschiedenen Körperteilen den Parameter der dreidimensionalen Bewegungen und ermöglicht den Händen die dreidimensionale Manipulation von Körpern.

Die Hände sind ganz spezifisch menschliche Organe, die dank der aufrechten Haltung des Körpers möglich wurden und die sich im Raum nahezu frei bewegen. Hände leben in einem strukturell ähnlichen Klima wie fliegende Vögel. Der fliegende Vogel ist eine fliegende Hand, eine vom Körper befreite Hand, ein Körper, ganz Hand geworden. Die Handbewegung ist Wahrnehmung, Verständnis, Begreifen und Veränderung in die »Tiefe«, in den Raum hinein. Das ist der Mythos des Fluges: Freiheit, um wahrzunehmen, zu verstehen, zu begreifen und zu verändern.

Für unsere Vorfahren war der Vogel das Bindeglied zwischen einem Tier und einem Engel. Nicht ganz Engel, weil er der Anziehungskraft der Erde unterworfen ist. Er erhebt sich von der Erde, konzentriert sich auf die Erde, kehrt zur Erde zurück und baut auf ihr sein Nest. Der Engel ist eine Hand, die durch einen unsichtbaren Arm an den Körper der Erde gebunden ist. Der Engel ist ein außerirdischer Vogel. Er konzentriert sein Interesse auf den Raum und wohnt im Raum. Er ist eine vom Körper befreite Hand. Der Mythos des Geistes als Taube. Der Engel ist ein Wesen, das wahrnimmt, versteht, begreift und verändert: reiner Geist. Eine vom Körper befreite Hand ist reiner Geist. Ihr Modell ist der Vogelflug.

Die Flüge mit dem Düsenflugzeug von São Paulo nach Paris übertreffen Leonardos Traum, doch erreichen sie die »befreiende« Dimension des Mythos nicht. Sie sind zweidimensional, sie verbinden zwei Städte auf einer flachen Landkarte. Die Flüge per Düsenflugzeug von Tokio nach Paris verbinden zwei Städte über den Pol und entwerfen eine neue, flache Projektion der Erdkugel. Sie sind »geistiger«, weil sie den projektiven Charakter der Fläche veranschaulichen, aber weiterhin Fläche sind. Die Experimente mit dem Raumschiff weisen außer auf den Vogel auch in die Richtung des Engels. Die Astronauten, die sich in der Schwerelosigkeit bewegen, durch den Raum gehen, versuchen, ihren Körper in Hände zu verwandeln. Es fehlt eine phänomenologische Schilderung ihrer Erfahrungen. Der marxistische Ausspruch, daß die Träume sterben, wenn sie verwirklicht werden, behält Gültigkeit. Zu einem Vogel, einer Hand, einem Engel werden bedeutet, das Wesen des Vogels, der Hand, des Engels zu töten. Denn sobald der Traum der Freiheit und des Sublimen verwirklicht wird, enthüllt er die Beschränkung als die Bedingung der Freiheit und das Alltägliche als Gegensatz des Sublimen. Das bezieht sich ebenso auf die Astronauten (technologische Engel) wie auf die kommunistische Gesellschaft (Gesellschaft der Engel). Mythen werden verwirklicht und getötet, sie werden aber nach ihrer Verwirklichung als ein totes Gewicht fortdauern.

Wir können den Vogelflug nicht mehr genauso wie unsere Ahnen erleben: als einen unmöglichen Traum. Wir erleben ihn als einen zu verwirklichenden Wunsch, zum Teil schon verwirklicht, zum Teil dabei, verwirklicht zu werden, in von unseren Ahnen vorgeträumten Ausmaßen. Den Vogelflug als Entfernung, als Überholung von Grenzen und auch als Vergeistigung durch Dreidimensionalität.

Wenn wir den Flug als zu verwirklichenden Wunsch erleben, entmystifizieren wir ihn, ohne uns von dem Mythos zu befreien. Wir können keine unmöglichen Träume mehr haben. Was uns bleibt, ist der unmögliche Wunsch, Unmögliches zu wünschen. Ist dieser Blick apokalyptisch, oder gehört das Apokalyptische wesentlich zu unserem Blick auf Vögel im Flug?

Regen

Es ist gemütlich, durch das Fenster dem Regen zuzuschauen. Dort draußen spielen die Naturkräfte und kreisen sinnlos wie immer. Derjenige, der von dem Kreisen erfaßt wird, ist machtlos dem heftigen Wirbel und unkontrollierten Kräften ausgesetzt. Hier drinnen sind andere Prozesse im Spiel. Die Ereignisse lenkt der, der drinnen ist. Die Ursache für das Gefühl der Geborgenheit ist das Gefühl, sich während des sinnlosen Ungestüms der Natur inmitten von Geschichte und Kultur zu befinden. Die Tropfen, die vom stürmischen Wind gegen das Fensterglas schlagen, in den Raum aber nicht eindringen können, bilden den Sieg der Kultur über die Natur. Wenn ich durch das Fenster dem Regen zuschaue, bin ich nicht nur außerhalb des Regens, sondern befinde mich in einer ihm entgegengesetzten Situation. Diese Situation charakterisiert die Kultur; und zwar ihr Vermögen, die Natur aus der Distanz betrachten zu können.

Wenn wir indessen an die Errungenschaften der Kultur denken, stellen wir uns (leider) nicht vor, in einem trockenen, warmen Raum zu sitzen und dem Regen zuzuschauen, Pfeife zu rauchen, Mozart zu hören. Sondern wir denken leider darüber nach, wie wir den Regen kontrollieren können. Wir wollen die Struktur der Ereignisse der Natur ändern, ihre Zirkularität unterbrechen. Wir wollen den Regen nicht mehr als Phase im ewigen Wasserkreislauf, sondern als geplante Bewässerung unserer Felder. Wäre der Regen besiegt worden, würde er nicht fallen, wie er fällt (»Septemberregen, aller September, seit immer«), sondern wäre »für heute nachmittag vier Uhr« programmiert worden. Es wäre ein historischer Regen, der einem Programm unterworfen wäre, infolgedessen Teil der Kultur und nicht der Natur. Durch das Fenster gesehen, würde sich dieser Regen in nichts von dem jetzigen Regen unterscheiden, obwohl er diesseits und nicht jenseits des Fensters der Kultur fallen würde.

Das verursacht mir Schüttelfrost. Es scheint der gleiche Regen zu sein; oder ist er es nicht, weil er »Kultur« ist? Nicht weil er anders ist, sondern weil er eine andere Struktur hat? Die lineare Struktur der Geschichte und nicht die zirkuläre Struktur der Natur? Und hilft es mir, dem Regen zuzuschauen, um es zu erfahren? Wie schrecklich! Beim Ansehen der Dinge kann ich zwischen Kultur und Natur nicht unterscheiden, nur wenn ich lerne, was die Dinge sind, kann ich es. Wenn ich aus dem Fenster schaue und den Regen, Stühle und Bäume sehe, kann ich nicht wissen, was davon Kultur und was Natur ist. Ich brauche die anderen, damit sie es mir sagen.

Das kann ich nicht akzeptieren. Wenn das wahr wäre, hätte ich kein eigenes Kriterium mehr für ein Engagement. Die Französische Revolution ist laut der einen Erklärung ein historisches Phänomen und laut der anderen ein natürliches Phänomen. Diejenigen, die sich für die Revolution engagiert haben und für sie gestorben sind, sind aus Naivität gestorben; sie haben nicht alle ihnen zur Verfügung stehenden Informationen eingeholt! Das kann ich nicht akzeptieren.

Wieder werde ich durch das Fenster dem Regen zuschauen, um etwas über den Regen zu erfahren. Und das ist, was mir der Regen sagt: Hier draußen regnet es, drinnen bist du beschützt. Gewiß ist das der entscheidende Unterschied zwischen der Natur und der Kultur: Die Natur ist wie der Regen, er gibt uns das Gefühl der Machtlosigkeit, und die Kultur ist wie das Zimmer, es gibt uns das Gefühl der Geborgenheit. Die Natur zu unterwerfen bedeutet nicht, ihre Struktur zu ändern, sondern ihr Klima. Dadurch wird der ganze menschliche Fortschritt fragwürdig. Haben wir uns zum Beispiel in den letzten 200 Jahren die Natur »wesentlich« unterworfen? Indem wir das Gebiet der Empfindungen, z. B. »beschützt zu sein«, erweitert haben? Fühlt sich der Mensch des zwanzigsten Jahrhunderts geborgener als der des achtzehnten Jahrhunderts? Ist er in diesem Sinn geborgener, gesitteter? Zweifellos erfordert das Beobachten des Regens eine neue Definition unseres Engagements für die Kultur.

Das Engagement, das die Techniker und das Establishment empfehlen, ist, die Kreisbewegung der natürlichen Ereignisse zu brechen und sie geradlinig intentional zu programmieren; keine sich wiederholenden Regen, die zu nichts gut sind, sondern geplante Regen zum Berieseln der Felder. Technokraten behaupten, Kultur sei, das Unnütze in Nützliches zu verwandeln, Wertfreies in Wertvolles. Etwas ist natürlich, sagen die Technokraten, wenn es weder als »gut« noch »schlecht« beurteilt werden kann. Wenn Dinge »gut« sind, gehören sie zur Kultur. Deshalb sind Naturwissenschaften »wertfrei«; sie befassen sich mit wertfreien Dingen. Die Technokraten behaupten darüber hinaus: Das echte Engagement für die Kultur ist das engagierte Erzeugen von »Gütern«, d. h. das entschiedene Eintreten für die »guten Dinge«. Die Technokraten irren sich und täuschen uns.

»Wertfrei« ist in Wirklichkeit die Technologie. Die von der Technik erzeugten Güter sind weder gut noch schlecht. Schlecht sind alle Dinge der Natur, weil sie mir Bedingungen auferlegen und mich dadurch einschränken. Das Engagement für die Kultur wäre unverständlich, wären die Dinge in der Natur nicht schlecht. Das Engagement richtet sich immer gegen die Natur. Die Erzeugnisse der Technik sind ethisch neutral, sie werden gut, wenn sie mich schützen, und schlecht, sobald sie mir Bedingungen auferlegen. Es ist nötig, mehr zu erzeugen, weil die Erzeugnisse gut sein können. Die Erzeugnisse können auch schlecht sein, wenn wir das Bewußtsein der Kultur verlieren würden. Wenn aber, wie die Technokraten behaupten, der »Fortschritt« im Prozeß der Umwandlung der natürlichen in lineare Ereignisse liegen würde, dann wäre der Fortschritt ungenügend. Damit der »Fortschritt« irgendeinen Sinn hat, müssen wir versuchen, unser kritisches Vermögen zu erhalten und zu verfeinern, um Werte zu kritisieren (ethische, politische Werte, kurz die Freiheit). Der technokratische Standpunkt ist ungenügend.

Der Regen, den ich durch das Fenster beobachte, ist schlecht (obwohl es manche Romantiker bestreiten werden). Er fällt, ohne mich gefragt zu haben. Und der Grund, weshalb es so gemütlich ist, den Regen zu beobachten, ist, weil ich mich ihm widersetzt habe. Der Regen als programmierte Berieselung ist weder gut noch schlecht (obwohl es die Technokraten leugnen), weil sein Wert von der Anwendung abhängt. Gut ist er nur, wenn er mir nützt. Schlecht aber, sogar noch schlechter als der natürliche Regen, ist der programmierte Regen, wenn seine Folgen auch schädlicher sind. Technokraten genügen nicht, sie können sogar gefährlich sein. Wenn die Werte des »Fortschritts« nicht kontrolliert werden, kann der Fortschritt gefährlicher sein als jeder Stillstand.

Der Regen, den ich beobachte, gibt mir ein Wohlbehagen, weil ich mich vom Regen befreit fühle. Ich sitze in einem trockenen und warmen Zimmer und kann mich der Beobachtung des Regens widmen. Nicht nur um ihn später zu behandeln, sondern um ihn zu beurteilen. Ich kann mir erlauben, ein Werturteil über den Regen zu fällen, bin völlig disponibel, bin in Beziehung zum Regen frei. Ich kann mir Menschen einladen, um mit ihnen über das Problem des Regens zu diskutieren. Draußen regnet es, und wir hier drinnen diskutieren, wie man den Regen manipulieren sollte, um ihn nützlich zu machen. Das ist Kultur. Kein manipulierter und programmierter Regen, sondern die frei diskutierte Anwendung des Regens. In Wirklichkeit ist nur die Freiheit tatsächlich gut. Dinge sind nur in dem Maße gut, in dem sie mich frei machen. Danach beurteilen wir auch das Maß der Kultur. Technologie ist noch keine Kultur. Die Technokratie (eine unkontrollierte Herrschaft der Technologie) ist Antikultur. Kurz: Kultur ist Technologie plus Freiheit.

Der Regen, den ich beobachte, lehrt mich, daß ich und

meine Nächsten den Wert erteilen und Sinn geben. Kultur ist keine Frage des Regens (sei er kontrolliert, programmiert oder nicht), sondern sie ist eine Frage nach der Empfindung, die der Regen in denen, die ihn durch das Fenster betrachten, weckt. Bei der Beobachtung des Regens sehe ich, daß die einzige Rechtfertigung für ein Engagement für die Kultur die Erweiterung des Gebietes der Freiheit ist (die Erweiterung des Raums, aus dem ich dem Regen zuschaue). Der Regen lehrt mich, daß sich die menschliche Würde nicht auf den Kampf gegen die Natur beschränkt. Zwischen der Kultur und der Natur (zwischen Regen und Zimmer) gibt es ein ethisch neutrales, aber potentiell gefährliches Gebiet, das Gebiet des wertfreien Programmierens. Das Gebiet des Nicht-Politischen (das der Techniker, die sich mit Bewässerungsanlagen befassen). Die menschliche Würde beansprucht auch dieses Gebiet. Heute ist es sichtlich einfacher, gegen die Natur vorzugehen, als sich dem Establishment anzupassen. Infolgedessen nimmt der natürliche Regen stets ab und der programmierte zu, und es gibt immer weniger Räume, von denen aus Regen, welcher Art auch immer, beobachtet werden kann. Sollte es so weitergehen, werden wir alle pausenlos einem strömenden, programmierten Regen ausgesetzt sein, aber wir werden in alle Winde (die im programmierten Chor, um uns herum, heulen werden) verkünden, daß man uns berieselt.

Die Zeder im Park

Das ist eine seltsame Tatsache: Bäume sind fast unsichtbar. Jeder Versuch, sie zu betrachten, beweist es. Ein dichter Schleier verstellt dem Betrachter den Baum. Dieser Schleier wirft die Aufmerksamkeit, die auf den Baum konzentriert ist, zurück, und es kommt heimlich zu Überlegungen, ohne daß der Betrachter etwas dagegen tun könnte. Die Bäume umgibt etwas Nebulöses, das sie geheimnisvoll macht. Wenn ich aus dem Fenster schaue, um die Zeder zu betrachten, die majestätisch mitten in meinem Park in Anjou steht, muß ich von dieser Tatsache ausgehen.

Gewiß, Bäume sind teilweise aus physikalischen und biologischen Gründen unsichtbar, da ihr größter Teil in der Erde verborgen ist. Diese triviale Tatsache wird von den Denkern vergessen, die den Baum als Modell einer Struktur ansehen (und Bäume dienen mit Vorliebe als Modelle). Ich werde dafür ein einziges Beispiel geben. Eine ganze Weltanschauung und Philosophie des neunzehnten Jahrhunderts (der Biologismus) entwirft die Welt als einen Prozeß, der zur Verzweigung neigt, die Schopenhauer das »Principium individuationis« nennt. Das Darwinsche System, dessen Modell ein »genealogischer Baum« ist, beleuchtet eine solche dynamische Struktur gut. Diese Kosmovision ist historisch, sie ist tatsächlich eine Alternative zur Dialektik der Geschichte und ist in Opposition zu Hegel entstanden. Selbstverständlich ist nicht der ganze Baum das Modell für ein solches System, sondern nur sein sichtbarer Teil. Wer den ganzen Baum als Modell für ein System annehmen sollte, stieße auf eine Struktur, die sich in zwei entgegengesetzte Richtungen verzweigt. In diesem Fall wäre der Baum ein Modell für das dialektische System im exaktesten Sinn des Wortes. Die Denker des neunzehnten Jahrhunderts, die Darwin folgten, haben den unterirdischen Teil des Baums vergessen (was selbstverständlich die »Wahrheit« ihrer Aussagen nicht entwertet).

Nicht die »teilweise Unsichtbarkeit« des Baumes verstellt nebulös den erwähnten Blick des Beobachters auf den Baum, sondern es schweben Phantome, Gespenster, ätherische Körper um den Baum, der unerreichbar wird. Solche baumartigen Gottheiten gibt es in allen Mythologien, auch in der jüdischen und griechischen, und aus ihnen quillt unentrinnbar unsere Weltanschauung. Einige dieser Phantome werde ich erwähnen. Dem Beobachter am allernächsten und infolgedessen am leichtesten abzuschaffen ist konkret das der Lunge. Ich sehe keinen Baum, sondern die grüne Lunge und sehe sie ebenso morphologisch wie funktionell. Dem Baum selbst näher und noch immer leicht abzuschaffen ist das Phantom des »Unterstandes«. Ich sehe keinen Baum, sondern ich sehe einen Regenschirm, im physikalischen wie metaphorischen Sinn des Wortes. Andere Gespenster klammern sich noch enger an den Baum, zum Beispiel die Gespenster der »Fruchtbarkeit«, des »Phallus«, des »Lebensbaums«. Nachdem diese Gespenster sehr mühsam entfernt wurden und die Essenz des Baumes scheinbar selbst zum Vorschein kommen will, stellt man fest, daß es nicht die Baumheit ist, die sich zeigt, sondern noch viel tiefer gehende Vorurteile sichtbar werden, die nicht einmal Namen haben. Die Beziehung »Mensch-Baum« ist mit so viel uraltem Ballast beladen (die Folge, vielleicht, der menschlichen Abstammung vom Baum), daß der Versuch, das Wesen des Baumes zu fassen, meistens mißglückt. Die Vorurteile sind derartig zahlreich, daß sie nicht in Anführungszeichen gesetzt werden können, um provisorisch beseitigt zu werden.

Deswegen werde ich nicht versuchen, die Essenz der Zeder in meinem Park zu fassen, sondern werde mich nur auf einen einzigen ihrer Aspekte konzentrieren: auf das seltsame und fremde Klima, das sie ausstrahlt. Da ich also annehme, die Zedernheit der Zeder nicht zu entdecken, wird es mir gelingen, etwas von ihrer Seltsamkeit und Fremdheit zu erheischen? Schließlich bin ich selber genauso seltsam und fremd in meinem Park, in Anjou, wie die Zeder. Kann das Gemeinsame unseres In-der-Welt-Seins nicht die Basis für einen intuitiven Einblick sein? Und gehe ich nicht schon in die Schlinge eines der Geister, die die Zeder »vermenschlichen«? In die Schlinge, in die das Kind des »Erlkönigs« von Goethe fiel und starb? Es scheint vorsichtiger zu sein, nach dem Fremden der Zeder zu fragen, als das Fremde zu behaupten. Können Fragen die Zeder nicht zum Antworten provozieren?

Meine erste Frage ist folgende: Wie weiß ich, daß die Zeder eine Fremde ist? Die Antwort darauf ist: Ich weiß, daß der Baum eine Zeder ist, daß Zedern im Libanon heimisch sind und nicht in Frankreich. Das ist aber keine gute Antwort. Sie wurde mir von meinen Schulbüchern gegeben und nicht von der Zeder selbst. Ich muß trotzdem vorsichtig sein: Die Antwort ist nicht vollkommen unpassend, denn verweisen die »Zedern des Libanon« nicht auf König Salomon und den Bau des Tempels, und hat die Zeder im Park nicht etwas von diesem Klima an sich? Ist das nur Gespenstertrug?

Ich werde die erste Frage neu formulieren: Wie sagt mir die Zeder, daß sie eine Fremde ist? Sie sagt es auf verschiedene Weisen. Ihr Grün ist anders als das Grün um sie herum. Ihre pyramidale, hierarchisch gestufte Gestalt sticht von den kegelartigen Gestalten der anderen Bäume ab. Die gekrümmte, chaotische Form ihrer Äste ergibt eine harmonische Ganzheit, die sich grundsätzlich von den sanften Kronen der anderen Bäume unterscheidet. Ihre monumentalen Zapfen haben keine Parallele unter den Früchten im Park. Ihr elefantenartiger Stamm tönt hier wie eine Trompete mitten in einem Streichorchester. Besonders auffällig ist ihre Gestalt, die den Park nicht nur durch ihre Größe, sondern durch etwas Majestätisches beherrscht. Diese Antworten hat die Zeder selbst gegeben, und sie müssen akzeptiert werden.

Die zweite Frage ist folgende: Wie weiß ich, daß sich die Antworten auf das »Fremde« der Zeder beziehen? Beweisen sie nicht eher ihre Zedernheit? Verströmt ihre Gegenwart im heimatlichen Libanon nicht das gleiche Klima wie im Park von Anjou? Bei dieser Frage schweigt die Zeder. Da die Zeder hier ist und nicht im Libanon, schweigt sie notwendigerweise, weil sie nicht im Namen einer anderen Zeder sprechen kann. Meine Frage war sinnlos. Als ich sie gestellt habe, versündigte ich mich gegen das erste Gesetz der Ehrlichkeit: »Du sollst ein Phänomen nie aus seinem Kontext herausstellen.« Um der Frage einen Sinn zu geben, muß sie anders formuliert werden.

Geben die Antworten auf die erste Frage zu verstehen, daß sich die Zeder von ihrer Umgebung deshalb unterscheidet, weil sie eine Zeder oder weil sie eine Fremde ist? Die Antwort der Zeder kann folgendermaßen zusammengefaßt werden: Ich bin eine Fremde, weil ich eine Zeder bin. Ich bin mir selbst treu, meiner Farbe, meiner Gestalt, meinen Zapfen, und ich passe mich nicht dem Park an. Ebendeshalb beherrsche ich ihn. Ich gebe dem Park eine Form und einen Sinn. Der Park ist dank meiner der Park, der die Zeder umgibt. Wäre ich keine Zeder, infolgedessen keine Fremde im Park, hätte der Park keinen Sinn. Ich bin das Geräusch, das die Redundanz des Parks zu einer bedeutungsvollen Information macht. Ich bin auffallend und bin der Mittelpunkt des Parks. Meine Antworten wollen Folgendes sagen: Ich bin eine Fremde, weil ich eine Zeder bin, und nur in Beziehung zu meiner Fremdheit ist der Rest des Parks einheimisch. »Fremder zu sein« bedeutet eigentlich, dem Kontext klarzumachen, daß er selbst kein Fremder ist. Ich bin nicht mir selbst eine Fremde, sondern bin im Verhältnis zum Park eine Fremde.

Das sind problematische Antworten. Sie stammen aus Gesprächen, deren Ursprung ich gut kenne. Sie stammen aus der

Existenzphilosophie, aus der Informationstheorie, aus der Musikwissenschaft. Kann sich die Zeder solcher Sprachen bedienen? Gewiß, tatsächlich kann sie sich nur dieser Sprachen bedienen. Die Zeder steht in Beziehung zu mir, so daß, wenn ich ihr zu sprechen gestatte, sie es in meiner Sprache tun soll. Auch die Antworten auf meine erste Frage bewegten sich in meiner Sprache, obwohl sie konkreter zu sein schienen. Sie haben in der Umgangssprache stattgefunden. Ich muß also auch die Antworten auf meine zweite Frage akzeptieren.

Sie provozieren die dritte Frage: Wenn die Zeder eine seltsame und eine fremde Existenz im Park ist, zu dem sie wegen ihrer Treue zur Zedernheit nicht paßt, wie weiß ich, daß sie die Fremde ist und nicht der Park fremd ist? Anders gesagt, wenn fremd sein immer fremd sein in Beziehung zu einem anderen Wesen bedeutet, ist die Beziehung nicht umkehrbar? Ist die Zeder in Beziehung zum Park fremd und der Park fremd in Beziehung zur Zeder? Ich werde ganz spontan diese Frage beantworten: Ich weiß, daß die Zeder fremd ist und nicht der Park, weil es nur eine einzige Zeder gibt und der Park aus vielen Bäumen besteht. Eine solche quantifizierbare Antwort muß abgelehnt werden, obwohl sie wie alle Quantifikationen vernünftig ist. Sie muß abgelehnt werden, weil sie die Essenz der Fremdheit nicht berührt. Sie wurde tatsächlich nicht von der Zeder gegeben, sondern von meinem induktiven, quantifizierenden Denken. Meine Frage muß, neu formuliert, an den Park gestellt werden, zum Beispiel an den Nußbaum, den Nachbarn der Zeder.

Ich werde also meine dritte Frage neu stellen: Wieso weiß ich, daß der Nußbaum (und mit ihm der ganze Park) in Anjou gebürtig ist und auf diese Weise die Zeder dialektisch zu einer Fremden macht? Der Nußbaum sprudelt viele Antworten hervor. Sein sommerliches Grün mit einem leichten Hauch von herbstlichem Rot verweist auf den frühen September, »in dem wir uns befinden«. Die kegelförmige Krone des Nußbaums ist zwar nur ein Element der Landschaft, aber dennoch repräsentiert er auch ihre ganze »Gestalt«. Von Nüssen beladen, zeugt er von der Fruchtbarkeit von Anjou und ganz Frankreichs. Die friedliche Stimmung, gemäßigt und voller Lebenskraft, ist das Klima dieser Landschaft, das in die Poren, die Lungen, in alle Empfindungen und sogar Gedanken der hier Lebenden dringt. Ganz Anjou, ganz Frankreich stehen in der Aura des Nußbaums, und eine geduldige Kontemplation angesichts des Nußbaums enthüllt die Essenz von ganz Frankreich. Die vielen Antworten, die der Nußbaum auf meine Fragen gibt, können folgendermaßen zusammengefaßt werden: Ich bin hier gebürtig, weil ich ein Nußbaum bin, und ich bin ein Nußbaum, weil ich hier gebürtig bin. Ohne mich zu behaupten, ohne auf mich stolz zu sein, bin ich ganz spontan und natürlich ein Nußbaum. Das ist vielleicht der Aspekt der »Natur«. So wie der Nußbaum ist (und der ganze Park), so ist die Natur in Anjou. Im Unterschied dazu ist die Zeder keine Natur, sondern sie ist hier Kultur. Sie behauptet sich, ist stolz auf sich und gibt dem ganzen Park einen Sinn; sie ist keine Natur. Kurz gesagt: Sie ist seltsam und fremd.

Das ist eine überraschende Antwort (ich muß gestehen, daß ich sie nicht erwartet habe). Die Antwort des Nußbaums zwingt mich, die Worte »Natur« und »Kultur« neu und mit anderen Worten zu definieren. Die Natur als meine spontane und problemlose, die Kultur als meine seltsame und fremde Situation. Eine Situation, die sich selbst behauptet und dadurch der Natur eine Bedeutung gibt. Ich werde noch bei anderen Gelegenheiten darüber nachdenken müssen. Worauf es jetzt ankommt, ist nur folgendes: Das, was ich vorher von der Zeder und vom Nußbaum wußte (auf dem Gebiet der Botanik oder auf anderen Gebieten), hat nie das Problem der Fremdheit berührt. Der Nußbaum könnte zum Beispiel aus weit entlegenen Wäldern stammen, er könnte von den Kelten hierhergebracht worden sein. Trotzdem ist er hier wesentlich heimisch. Die Zeder kann an die Landschaft von Anjou total angepaßt sein und kann hier sogar besser gedeihen als im Libanon, möglicherweise sogar besser als der Nußbaum. Trotzdem ist sie fremd hier. Das Wesentliche wird von Vorurteilen nicht berührt, es offenbart sich nur während einer Kontemplation wie dieser hier, der Kontemplation angesichts des Parks, bei der der Aspekt des Fremden enthüllt wird.

Es hat sich gezeigt: Fremd und sonderbar ist, wer sein eigenes Sein in der Welt, die ihn umgibt, behauptet. Dadurch gibt er der Welt einen Sinn und beherrscht sie auf eine gewisse Weise. Beherrscht sie tragisch, integriert sich nicht. Die Zeder ist in meinem Park fremd. Ich bin ein Fremder in Frankreich. Der Mensch ist ein Fremder auf der Welt.

Kühe

Kühe sind effiziente Maschinen zum Verwandeln von Gras in Milch. Im Vergleich zu anderen Maschinen haben sie zweifellos Vorteile. Zum Beispiel reproduzieren sie sich selbst, und sobald sie unbrauchbar werden, kann ihre »Hardware« in Form von Fleisch, Leder und anderen konsumierbaren Produkten verwendet werden. Sie verschmutzen die Umwelt nicht, und sogar ihr Abfall kann ökonomisch als Dünger, als Baumaterial und als Triebkraft nutzbar gemacht werden. Die Haltung von Kühen ist nicht teuer und erfordert keine hochspezialisierte Arbeitskraft. Sie sind ein strukturell komplexes System, aber funktionell sind sie höchst einfach. Da sie sich von selbst vermehren und ihre Erzeugung also automatisch, ohne Eingriff von Ingenieuren und Zeichnern vor sich geht, ist die strukturelle Komplexität ein Vorteil. Sie sind beweglich und können auch als Generatoren und selbst als Motore für langsame Fahrzeuge verwendet werden. Obwohl die Kuh einige funktionelle Nachteile hat (z. B. verlangt ihre Reproduktion an sich unökonomische Maschinen, »Stiere«; funktionelle Störungen erfordern hoch ausgebildete Spezialisten, teure Tierärzte), kann sie als Prototyp der künftigen Maschine angesehen werden, die mit ökologisch ausgebildeter Technologie entworfen wird. Wir können tatsächlich jetzt schon behaupten, daß die Kuh der Triumph einer in die Zukunft weisenden Technologie ist.

Unsere Bewunderung für den Erfinder der Kuh wächst noch, wenn wir ihr »Design« bedenken. Obwohl es sich um eine hochautomatische und von einem eingebauten Computer (Gehirn) kontrollierte Maschine handelt und obwohl ihr Betrieb von einem höchst raffinierten kybernetischen System, das elektrisch und chemisch im Gleichgewicht ist, garantiert wird, ist die äußere Form der Maschine von überraschender Einfachheit und ästhetisch höchst zufriedenstellender Ökonomie. Der Eindruck, den die Kuh hinterläßt, ist der eines integren und gut integrierten Werkes. Ihr »Designer« hat sich von keiner ästhetischen Tendenz beeinflussen lassen (obwohl wir am Entwurf der Kuh gewisse, unverkennbar barocke Elemente »entdecken« und obwohl der »Zeichner« gewisse biologisierende Einflüsse des letzten Jahrhunderts verrät), aber er ist der für ihn charakteristischen Intuition gefolgt. So widerspricht der elegante Schwung des Schwanzes der massiven Unbeweglichkeit des restlichen Werks und erzielt eine Spannung, die von Calder und seinen Nachfolgern nur angedeutet wird. Was aber am meisten am »Design« der Kuh beeindruckt, ist die überraschende Skala von Variationen, die ihr Prototyp erlaubt. Der Prototyp ist grundsätzlich einfach (er wurde z. B. von Picasso in seiner Tauromaquie ausgearbeitet), aber eine solche Einfachheit erlaubt eine große Anzahl differenzierter Stereotypen. Es geht bei dem Prototyp der Kuh um ein authentisches offenes Werk. Unter den Stereotypen gibt es jene, die sich nationalen und sogar regionalen Mentalitäten anpassen (Schweizer, holländische, englische Kühe), jene, die sich einer Landschaft anpassen (Alpen-, Wiesen-, Steppenkühe), und es gibt sogar billige Stereotypen unterentwickelter Länder (Zebus, afrikanische und südamerikanische Kühe).

Das erschöpft indessen nicht die »ästhetische Botschaft« der Kuh. Die Stereotypen werden dem Konsumenten mit einer »Gebrauchsanweisung« geliefert, die einer Aufforderung zu einem Spiel gleichkommt. Der Käufer der Kuh kann, wenn er es wünscht, sein eigenes Modell entwerfen, »Kuhrassen kreuzen«, so daß der Kauf einer Kuh den Käufer nicht zu einem passiven Kauf verurteilt, sondern ihm eine aktive Teilnahme am »Spiel der Kühe« ermöglicht, wodurch die Spieltheorie endlich sinnvoll von der Technologie absorbiert wird. Wir können einen zukünftigen Zustand ahnen, in dem der technologische Fortschritt kein Privileg einiger, vom Verwaltungsapparat angestellter Spezialisten sein wird, sondern ein Spiel, an dem die »Massen« aktiv teilnehmen: Prototypen frei zu variieren. Der Erfinder der Kuh hat im funktionellen wie ästhetischen Sinn eine authentische technologische Revolution hervorgerufen, die dem künftigen Menschen Horizonte für ein neues »In-der-Welt-Sein« öffnet. Dies gelang ihm durch die Synthese aus den fortschrittlichsten Kenntnissen der Wissenschaft, den raffiniertesten Methoden der Technologie, einer scharfsinnigen, ästhetischen Sensibilität und einer klaren, strukturellen, kybernetischen Sicht der Spieltheorie. Ohne Zweifel verkörpert die Kuh einen grundsätzlichen »Aufschwung«.

Sie ist aber zugleich auch eine Gefahr und eine Bedrohung. In dem Maße, in dem die Kühe immer zahlreicher und billiger werden (ein unvermeidlicher Prozeß bei dem gewaltigen Fortschritt) und andere ihnen ähnliche Maschinen entstehen werden, wird es zu einer grundsätzlichen Veränderung in der menschlichen Umwelt kommen. Die heutigen Maschinen, denen sich die Menschheit seit der industriellen Revolution mühsam anpaßt, werden allmählich durch Maschinen des Typus »Kuh« ersetzt werden. Da diese Maschinen einen ganz anderen Lebensrhythmus und eine ganz andere Praxis erfordern, wird eine neue Anpassung nötig sein, der logischerweise eine individuelle wie kollektive Entfremdung folgen wird. Mit ein bißchen Phantasie kann man nicht nur die Auflösung großer Städte voraussehen und die Bildung kleiner Siedlungen um die Kühe herum (die man z. B. Dörfer nennen wird), sondern auch die Folgen dieses Prozesses: die Auflösung der basalen Struktur der Gesellschaft und ihre Ablösung durch eine noch unvorstellbare Struktur. Das wird indessen nicht das Allerschlimmste sein.

Die Neigung des Menschen, sich in seinen eigenen Erzeugnissen zu spiegeln, ist bekannt. Der Prozeß ist beiläufig folgender: Der Mensch entwirft Modelle, um die Wirklichkeit zu ändern. Als Vorbild dient ihm der menschliche Körper. Der Webstuhl hat zum Beispiel den menschlichen Finger als Modell, der Telegraf die menschlichen Nerven. Das Modell wird in Form eines Produkts hergestellt. Später wird hinter dem Erzeugnis das menschliche Modell vergessen, und das Erzeugnis seinerseits wird das Modell für menschliches Verstehen und Benehmen. Dampfmaschinen sind zum Beispiel das Modell für den Menschen im achtzehnten Jahrhundert, chemische Fabriken Modell für den Menschen im neunzehnten Jahrhundert, und kybernetische Maschinen sind das Modell für uns. Diese schädliche Rückwirkung zwischen dem Menschen und seinem Erzeugnis ist ein wichtiger Faktor der Entfremdung des Menschen von seiner Umgebung und von sich selbst.

Das allmähliche Ersetzen der heutigen Maschinen durch Maschinen von der Art einer Kuh kann zur Identifikation des Menschen mit der Kuh führen: Mensch = Kuh. Der Mensch kann in der Kuh sein eigenes Projekt nicht wiedererkennen, er kann vergessen, daß die Kuh das Resultat seiner eigenen Manipulation der Wirklichkeit in Übereinstimmung mit seinem Modell ist, und kann die Kuh als etwas »Gegebenes« annehmen (er kann z. B. die Kuh als eine Art »Tier«, folglich als Teil der »Natur« annehmen). In diesem Fall wird die Kuh ontologisch und epistemologisch autonom und wird ganz unmerklich zum Modell des Menschen selbst. Da es eben um eine höchst komplizierte und anthropomorphe Maschine geht (übrigens sind alle Maschinen aus dem erwähnten Grund anthropomorph), kann die maschinelle Essenz der Kuh verdeckt bleiben. »Genetische Erklärungen« der Kuh, die beweisen würden, daß die Kuh das Resultat menschlicher Manipulation ist, würden nichts nützen. Den Impakt der Kuh erhalten wir uns im täglichen Kontakt mit ihr. Auf diesem Niveau werden alle »Erklärungen« unbedeutend (so wie solche »Erklärungen« heute denen nichts bedeuten, die täglich mit Computern in Verbindung stehen). Die bloße Gegenwart der Kuh übt ihren kuhartigen Einfluß aus. Unsere Phantasie sträubt sich, die Folgen vorzustellen.

Es ist indessen nötig, dieser Gefahr ins Auge zu sehen und die Phantasie zu zwingen. Sie enthüllt einen Blick auf die Menschheit als eine Herde von Kühen. Eine weidende und wiederkauende, zufriedene und unbewußte Menschheit, die Gras konsumieren wird, die Milch erzeugt für eine unsichtbare Elite von »Hirten«, die an ihr Interesse hat. Eine solche Menschheit wird sanft und geschickt manipuliert werden, so daß sie sich für frei halten wird. Das wird infolge des automatischen Funktionierens der Kuh möglich sein. Die eingebildete Freiheit wird die Manipulation durch den Hirten vollkommen verdecken. Das Leben wird sich auf die typischen Funktionen der Kuh beschränken: Geburt, Konsumieren, Wiederkäuen, Erzeugung, Muße, Reproduktion, Tod. Eine paradiesische und erschreckende Aussicht. Sehen wir bei der Betrachtung der Kuh nicht den Menschen von morgen?

Die Zukunft ist bislang nur eine Möglichkeit. Es ist noch Zeit einzugreifen. Der Fortschritt verläuft nicht automatisch, sondern ist Folge des menschlichen Willens und der menschlichen Freiheit. Der Fortschritt in Richtung Kuh ist noch aufzuhalten. Gewiß nicht auf »reaktionäre Art«, die die ersichtlichen Vorteile der Kuh und die schöpferische Phantasie leugnet, die durch sie zutage tritt. Sondern durch den Versuch, die Kuh den menschlichen Bedürfnissen und den echten menschlichen Idealen anzupassen. Zweifellos ist die Kuh eine Bedrohung, zugleich aber auch eine Herausforderung, der wir die Stirn bieten müssen.

Gras

Vor meinem Haus wächst Gras. Ist das nicht seltsam? Ich meine, ist das Verbum, das ich angewandt habe, um zu sagen, daß es vor meinem Haus Gras gibt, nicht seltsam? Warum sage ich nicht auch, daß vor meinem Haus Ameisen und eine Katze wachsen? Und warum gibt es kein Verbum für das spezifische Ereignis »Gras vor meinem Haus«? Warum kann ich nicht »es gräst« sagen, wie »es regnet« oder »es schneit«? Und wenn ich behaupte, daß es vor meinem Haus einen Rasen gibt, behaupte ich damit etwas strukturell Identisches, wie wenn ich behaupte, daß es auch Ameisen und Regen vor meinem Haus gibt? Zweifellos legt die Sprache meinem Denken bestimmte Formen auf, mit denen ich die Phänomene der Welt begreife.

Das Gras begreife ich als etwas, das wächst, und das ist für das Gras wesentlich. Im Fall der Ameisen und der Katzen fasse ich das Wachsen als etwas Zufälliges auf. Das Gras ist für mich Element eines Kollektivs (des Rasens), das sich wesentlich vom Kollektiv Ameisenhaufen und Regen unterscheidet. Ich vertraue der »Weisheit« der Sprache und glaube, daß die Sprache »weiß«, warum sie meinem Denken diese Formen auferlegt. Ich glaube, daß mir das »Wesen« des Grases als »Wachsen« und als ein gewisser Typ von Kollektiv durch die Sprache enthüllt wird. Ich muß es glauben, denn sonst würde ich verstummen oder »Exzentrizitäten« sagen wie zum Beispiel: »Vor meinem Haus gibt es eine Armee aus Gräsern.« Dabei stolpere ich mitten im Satz. Was war das für eine linguistische Exzentrizität? Erfaßt die stehende Armee aus Gräsern nicht auch einen Aspekt des Wesens meines Rasens, einen Aspekt, der von der geläufigen Sprache verdeckt ist? Hat das nicht etwas mit der enthüllenden Kraft der Dichtung zu tun? Gebe ich dem Gras nicht zufällig das Wort, in Husserls Sinn, und zwar ein »neues Wort«?

Habe ich dem Gras nicht erlaubt, sich mir gegenüber zu artikulieren? Ich werde auf diese Frage weder eine bejahende noch verneinende Antwort geben, ich werde die Frage registrieren.

Vor meinem Haus wächst Gras, so wie etwas weiter Weizen wächst, und eine dicht verzweigte Zeder wächst im Mittelpunkt der Landschaft, die ich aus dem Fenster sehe. Ist also »wachsen« die Form, in der die Sprache das Wesen einer Pflanze erfaßt? Nein, so ist es nicht. Das Gras vor meinem Haus wächst eher so wie Haare auf meinem Kopf als wie die Zeder. Das Wesen des Grases, das die Sprache enthüllt, ist nicht seine »Pflanzlichkeit«, sondern die Tatsache, daß das Gras entweder weiter wachsen kann oder geschnitten wird. Das Wesen des Grases ist seine Schneidbarkeit, es gehört zu derselben Gattung wie Haare und Nägel, eine Gattung, die durch Maniküre wesentlich manipuliert werden kann. Die geeignete Technik zur Manipulation des Grases wird im Schönheitssalon unterrichtet. Das Wachsen des Grases unterscheidet sich wesentlich von dem der Zeder (und auch des Getreides). Das Kriterium eines so wesentlichen Unterschieds liegt in der Praxis. Der Friseur ist eher für das Gras zuständig, nicht aber für die Zeder. Das Verbum »wachsen« verdeckt den »wesentlichen« Unterschied. Auch das soll registriert bleiben.

Die dem Gras essentielle Schneidbarkeit scheint mit dem Charakter des Kollektivs, dessen Element sie ist, verbunden zu sein. Solche Kollektive wie Rasen, Haar und Bart sind zu schneiden, Kollektive wie Weizenfeld sind zu ernten und Kollektive wie Nadelwald zum Beispiel sind anders zu manipulieren. (Um nicht von Kollektiven der Ameisen und der Familie der Katzen zu sprechen.) Sind zufällig Nägel nicht auch zu schneiden, und ist das nicht wesentlich für Nägel? Wie heißt ihr Kollektiv? Die verdeckte Weisheit der Sprache hier zu Hilfe zu rufen, geht fehl: Das Wesen des Grases ist im Wort »wachsen« verborgen, auch wenn wir eine Verbindung zwischen dem Verbum und dem Substantiv »Rasen« erzwingen möchten. Wir müssen also außersprachlich konstatieren, daß das Gras seinem Wesen nach zur Klasse der zu schneidenden Phänomene gehört, zu der auch Haare und Nägel, nicht aber der Weizen, die Ameise und die Katze gehören, obwohl auch diese Klassifikation nur dank der Sprache und mittels der Sprache möglich ist. Es ist überraschend, daß diese Klassifikation keinesfalls mit der wissenschaftlichen, der sogenannten »objektiven« Klassifikation koinzidiert.

Objektive Klassifikationen (so wie der ganze wissenschaftliche Diskurs) neigen dazu, das Wesen der Phänomene, die sie erklären, zu verbergen. Sie behaupten zum Beispiel, daß das Gras mit dem Weizen nah verwandt ist seine Verwandtschaft mit der Zeder aber weit und mit der Ameise noch weiter ist und daß seine Beziehung zu Haar und Nägeln hierarchisch verworren ist. Die wissenschaftliche Objektivität ist in Wirklichkeit Resultat eines gewissen Standpunkts zur Welt, eines Standpunkts, der unbewußt, ohne ausdrückliche Berechtigung angenommen wird. Der wissenschaftliche Standpunkt kann nicht von Gott »sub specie aeternitatis« übernommen werden. Von diesem Standpunkt aus enthüllt die Schneidbarkeit das Wesen vieler anderer Kollektive: der Nadelwälder, der Ameisenhaufen und der Menschheit. Von diesem Standpunkt aus sind wir ebenso schneidbar wie das Gras. Und einem derartig entfernten Blick enthüllt sich nicht nur die Menschheit als eine Art Rasen, sondern die ganze Biosphäre wird zu einer Art schneidbarem Moos, das die Oberfläche des Planeten Erde bedeckt. Dieser entfernte Blick ist weder wissenschaftlich noch existentiell sinnvoll. Sinnvoll sind nur zeitliche und räumliche Entfernungen, die mit menschlichen Dimensionen kompatibel sind. Sobald sich der Unterschied zwischen dem Gras und der Menschheit verwischt, wird der Standpunkt unmenschlich, infolgedessen sündhaft. Das ist ein wichtiges Argument gegen gewisse Religiositäten.

Das Gras ist wesentlich das Haar der Erde, und Haare sind wesentlich das Gras des Körpers. Von welchem Standpunkt aus? Vom Standpunkt des Haarschneiders und des Gärtners. Solche Standpunkte wurden nicht frei gewählt, sondern sie wurden von den Phänomenen selbst gegeben. Wir können nicht irgendeinen Standpunkt zum Gras einnehmen, zum Beispiel nicht den eines Geologen oder Bankiers, denn für die steht das Gras und das Haar nicht im Mittelpunkt ihres Interesses, so wie es beim Haarschneider und Gärtner der Fall ist. Das Wesen enthüllt sich nur, wenn das betrachtete Phänomen im Mittelpunkt steht.

Das Gras ist wesentlich das Haar der Erde. Es ist ebenso ein Problem wie jedes andere Phänomen. Das Problem des Grases ist, ob es wachsen gelassen oder geschnitten wird.

Das ist ein praktisches Problem, was beweist, daß das Gras ein konkretes Phänomen ist. Es geht nicht darum, es zu erklären, sondern es zu ändern. Es ist nicht so ein Problem wie zum Beispiel die Frage nach der Verteilung der Primzahlen unter den natürlichen Zahlen, weil es vom Standpunkt des Gärtners eine Praxis erfordert. Objektiv wird die Schneidbarkeit im Diskurs, der das Gras erklärt, sehr spät zu Worte kommen. Zuerst werden Probleme bezüglich der Morphologie, des Metabolismus, der Genetik usw. aufkommen. Das ist der Beweis dafür, daß der objektive (wissenschaftliche) Standpunkt abstrahiert und dem Gras die Konkretheit nimmt. Der Standpunkt des Gärtners erfaßt das Wesen des konkreten Grases. Der Gärtner kann aber das Gras auch wissenschaftlich schneiden. Die Wissenschaft ist ein weiter Bogen, der durch das Labyrinth der Abstraktion zum konkreten Phänomen, von dem sie ausgegangen ist, zurückführt. Ein solcher Bogen bereichert konkret die Praxis (und den Blick) des Gärtners. Wenn es aber darum geht, auf das Wesen des Grases zu kommen (auf seine Schneidbarkeit), sollte man den Bogen in Anführungszeichen setzen.

Gras ist wirklich das Haar der Erde, und die Entscheidung, ob man es wachsen lassen oder schneiden soll, hängt teilweise von der kulturellen Lage ab, in der wir uns befinden. Zum Teil ist es die Frage der Mode. »Beautify America, have a hair cut« schließt auch »Schneide deinen Rasen oder nicht« ein. »The greening of America« ist ein Blick auf Amerika, vom Standpunkt eines Gärtners und Haarschneiders. Ein solcher Standpunkt wird übrigens in vielen Spekulationen der Neuen Linken (Marcuse) entdeckt und in der von der Ökologie inspirierten »Philosophie«. Es gibt in vielen dieser neuen Tendenzen einen stillschweigenden Ästhetizismus, weil diese Tendenzen in Schönheitssalons entstehen. Es scheint, daß für die Neue Linke der Proletarier Träger der Zukunft kein Metallarbeiter, sondern ein Haarschneider sein wird. Ist ein solcher Ästhetizismus tatsächlich neu? Nicht romantisch ...? Eine ungehörige Kritik. Alles Neue hat in einem bestimmten Sinn einen langen Bart. »Nil novi sub sole.« Wir sollten aber nicht vergessen, daß das Wesen des Bartes seine Schneidbarkeit ist. Heutzutage ist es Mode, Gras nicht zu schneiden. Davon hängt angeblich das Überleben der Menschheit ab. Nieder mit dem Grasschneideapparat, weil nieder mit allen Apparaten. Der Standpunkt des Haarschneiders (oder, was das gleiche ist, des Gegenhaarschneiders) bekämpft den Standpunkt des Apparats (den des Arbeiters und des Besitzers der Auto- und Mähmaschinenfabrik). Die langen Bärte beider Standpunkte sind indessen schneidbar. So wie es der lange Bart des Widerspruchs zwischen dem ethischen Standpunkt der Mähmaschinenfabriken und dem ästhetischen Standpunkt des Gärtners ist. Wer Bärte schneidet, transzendiert Moden (ist transmodern). Der Strukturalist? Ja, ein Haarschneider-Strukturalist, der seinen eigenen Bart schneiden muß. Ist es eine reflexive Praxis, seinen eigenen Bart zu schneiden?

Gras ist wesentlich das Haar der Erde. Es wachsen zu lassen bedeutet, daß die Erde sei. Chthonische, tellurische Attitüde etc. also. Die entgegengesetzte Attitüde zu der uranischen (geistigen) Unterdrückung der Erde durch Apparate (zum Schneiden vom Gras). Haare sind wesentlich das Gras des Körpers. Sie wachsen zu lassen behauptet die Körperlichkeit, die entgegengesetzte Einstellung zu der Unterdrückung des Körpers durch Apparate. Körper-Erde, nichthistorische Einheit revoltiert gegen die Geschichte, vom Geist-Apparat ausgelöst. Rousseau–Marx–Marcuse? Nicht tatsächlich. Tatsächlich: Schönheitssalon. Nietzsches Ästhetik in Rebellion gegen den jüdisch-christlichen »Nihilismus«. Die Beziehung zwischen dem Gras und der Erde und zwischen Haar und Körper muß besser definiert werden, damit phänomenologisch die Erde hinter dem Gras und der Körper hinter dem Haar zum Vorschein kommen. Gras und Haare »bedecken« die Erde und den Körper, die wir nicht sehen infolge von Gras und Haaren. Ist Gras noch Erde (Magna mater, Gebärmutter usw.), und ist das Haar noch Körper (Summe von konkreten Erfahrungen und Gesten)? Nein, weil Gras und Haare wesentlich schneidbar sind und die Erde und der Körper es wesentlich nicht sind. Der Körper ist nicht zerschneidbar, weil er immer mit mir da ist. Die Erde und der Körper sind nicht zerschneidbar, weil sie nicht in der Zeit sind. Sie sind ahistorisch. Es ist noch ein historischer Entschluß, Gras und Haare wachsen zu lassen (geistig, innen im Apparat) und das Außergeschichtliche der Erde und des Körpers bedeckt zu lassen. Ist vielleicht die entgegengesetzte Methode empfehlenswerter? So radikal Haare und Gras zu schneiden, bis die Erde und der Körper zum Vorschein kommen? Den Apparat derartig zum Funktionieren zu bringen, daß er sich selbst ad absurdum führt? Der Haarschneider als Proletarier, der Träger der Zukunft, der die nicht historische Konkretheit der Erde und des Körpers »aufweist«? Oder bedeutet mit dem Apparat mitzumachen, von ihm absorbiert zu werden? Nein, es bedeutet, sich den Schönheitssalon anzueignen.

Die Fehler der »Weisheit der Sprache« in Beziehung auf das Gras wurden genügend registriert. Die Sprache ist Teil der Mähmaschine. Es ist möglich, die Sprache und den Apparat zu transzendieren. Die phänomenologische Einstellung läßt es zu. Dann ist es aber wieder nötig, auf die Sprache und den Apparat zurückzukommen, um sie zu zwingen, gegen sich selbst und zugunsten des Wesens vom Gras zu funktionieren. Ein vernünftiges Programm.

Finger

Ich versuche meine Finger beim Tippen zu beobachten, während sie diesen Text schreiben. Eine schwierige, aber begeisternde Aufgabe, weil die Situation komplex ist. Die Finger tippen einen Text, dessen Thema das Beobachten tippender Finger ist, folglich das Spiegeln der Beobachtung im Beobachter. Das ergibt eine verwickelte Situation. Reflexive Situationen sind komplex. Ich spiegele mich in den Fingern, während ich sie beobachte, und die Finger spiegeln sich in mir, während sie beobachtet werden. Ich finde mich selbst im Mittelpunkt, während mein Interesse auf die Finger konzentriert ist. Ich bin meine Finger, und sie sind ich. Ich gehöre ihnen, ebenso wie sie mir gehören. Kann es sein, daß das Verflechten meiner selbst mit den Fingern die Essenz der Finger ist?

Um der Komplexität der Situation auszuweichen, werde ich versuchen, sie auf einfache Weise zu beschreiben. Ich sitze auf einem Stuhl. Der Stuhl ist ein Produkt westlicher Zivilisation, der, wenn man ihn analysierte, die Geschichte des Westens aufdecken würde. Ich sitze vor einem Schreibtisch. Der Schreibtisch und der Stuhl gehören zueinander. Die Gegenüberstellung »Tisch – Stuhl« ist eine charakteristische Struktur für bestimmte Situationen innerhalb meiner Kultur. Auf dem Schreibtisch steht eine Schreibmaschine von »Olivetti«. Das ist beinahe ein paleo-technologisches Instrument (ein technisches Produkt vom Anfang des zwanzigsten Jahrhunderts). Die Tasten sind mit den Buchstaben des lateinischen Alphabets bezeichnet. Diese Buchstaben sind als historische Abwandlungen von Symbolen entstanden, die vor ungefähr dreitausend Jahren im Nahen Osten ihren Ursprung hatten. Meine Finger schlagen in einer gewissen Ordnung auf die Tasten. Dieser Ordnung nach sollen auf einem Blatt Papier, das in der Maschine eingefügt ist, portugiesische Sätze erzeugt werden. Die Ordnung wird also von dieser Sprache bestimmt. Das Portugiesische ist eine historische Abwandlung einer hypothetischen indoeuropäischen Sprache. Meine Finger wollen portugiesische Sätze herstellen, die meine Gedanken ausdrükken. Meine Gedanken sind von sozialen, ökonomischen, kulturellen, kurz gesagt, von historischen Bedingungen programmiert. Nachdem ich aufgehört habe, nehme ich das Papier aus der Maschine und gebe es jemandem zu lesen. Derjenige, der es lesen wird, wird die Botschaft auf dem Papier entziffern können, weil er der gleichen Kultur angehört wie ich. Alle Elemente und die ganze Struktur, folglich die komplette Situation ist für eine bestimmte Kultur charakteristisch. Meine Finger gehören dazu.

Autorisiert mich das zu der Annahme, daß meine Finger vollständig jener Kultur angehören? Nein, weil die Analyse meiner Finger die Geschichte des Westens nicht ebenso aufdecken wird wie die Analyse des Stuhls, der Schreibmaschine, des Alphabets, der portugiesischen Sprache. Aber die Geste meiner Finger auf den Tasten kann analysiert werden, und sie wird sich als eine von der Geschichte bedingte Geste erweisen. Die Finger selbst können nicht analysiert werden, sie sind kein Produkt der Kulturgeschichte. Ich würde eher meinen, daß sie ein Produkt der Naturgeschichte sind. Dafür habe ich gewaltige Modelle (z. B. das Modell Darwins), die mich behaupten lassen, daß meine Finger natürliche Phänomene innerhalb einer kulturellen Situation sind, die die Gesten der Finger verändert und informiert, infolgedessen bedingt. Kultur als Vergewaltigung der Natur.

Eine solche Schilderung der Situation wäre indessen ganz ungeeignet. Sie würde das Klima nicht erfassen. Es ist nicht ein Klima, in dem meine Finger von synchronisierten Apparaten eines kulturellen Establishments vergewaltigt werden (obwohl es heute, inklusive der Neuen Linken, verschiedene Tendenzen gibt, die es behaupten). Es geht dabei nicht um ein »Entnaturalisieren« oder »Akulturieren« meiner Finger. Nein, darum geht es nicht, und die Beobachtung der Gesten der Finger beweist es. Sie bewegen sich nicht maschinell, obwohl sie sich in und auf verschiedenen »Maschinen« bewegen (auf der Schreibmaschine, in der des Alphabets und der portugiesischen Sprache). Ihre Bewegung ist freiwillig, sie drückt meine Freiheit aus. Die Finger wählen bestimmte Tasten, lehnen andere ab und wählen nach bestimmten Kriterien. Selbstverständlich sind die Kriterien den Fingern vorgegeben (von der Anordnung der Tasten, von den Sprachregeln und von der Struktur meiner Gedanken). Solche Kriterien machen den Fingern die Bewegung möglich, öffnen ihnen ein freies Feld, und die Bewegung bekommt einen Sinn. In dieser jetzt beschriebenen Situation sind meine Finger im Sinne der ganzen Dialektik der Freiheit, die die Analyse der Situation aufdeckt, frei. Kurz, da es eine kulturelle Situation ist, haben meine Finger ihre Freiheit. Paradox ausgedrückt: Für meine Finger ist die Kultur natürlich, und außerhalb der Kultur sind meine Finger nicht so, wie sie »sein sollen«: frei.

Wie sind Finger außerhalb der Kultur? Wenn sie nicht vergewaltigt und von Apparaten des Establishments beherrscht werden? Wie ist die natürliche Bewegung der Finger? Ihr Repertoire ist beschränkt. Sie reiben, kratzen, weisen vielleicht auf etwas hin und bohren Löcher. Sie halten sich an flaumigen Gegenständen fest. Solche Bewegungen beobachten wir an Neugeborenen und projizieren sie auf Primaten. Das sind konditionierte Bewegungen, die von der Naturwissenschaft perfekt erklärbar sind. Sie reflektieren Bedingungen aus dem Innern des Körpers (thermodynamische und chemische Spannungen, genetische Informationen) und Einflüsse aus der Umwelt. Die spätromantische »Revolution«, die die Finger aus der Gewalt der Apparate befreien will (z. B. durch das Prinzip der Freude), will sie in Wirklichkeit auf kratzende Bewegungen beschränken. Revolutionär wäre es nicht, wenn sich die Finger von den Apparaten zurückziehen, sondern wenn sie die Apparate übernehmen würden. In der hier geschilderten Situation schreibe ich diesen Text; er könnte ein Modell für alle kulturellen Situationen nach einer solchen Revolution sein. Deswegen muß die Situation von neuem überdacht werden.

Die Schreibmaschine wurde als ein Instrument für meine Finger hergestellt. Sie ist eine Verlängerung meiner Finger. Selbstverständlich ist die Beziehung »Maschine – Finger« nicht einfach, sondern dialektisch und aus diesem Grund leicht umkehrbar. Um mich der Maschine zu bedienen, muß ich lernen, sie zu benutzen. Ich muß sie kennen. Affen können, ohne die Maschine zu kennen, tippen, und sollte eine Million Affen eine Million Jahre tippen, würden sie notwendigerweise diesen Text hervorbringen. Notwendigerweise, aber ohne überlegt zu haben. Die Vorbedingung für die Freiheit ist, daß man die Maschine kennt. Die Freiheit ist nicht das Feld zwischen statistischem Zufall und Notwendigkeit. Ein solches Feld gibt es nicht, weil sich der statistische Zufall mit der Notwendigkeit vermengt, was von der Million Affen bewiesen wird. Die Freiheit entsteht durch den dialektischen Sprung über den Zufall und die Notwendigkeit, durch den Sprung, der nur kraft Kenntnis möglich ist. Bei einem Umgang ohne Kenntnis ist die Schreibmaschine kein Kulturgegenstand, sondern eine natürliche Bedingung, wie sie es für die Affen ist. Es gibt viele, anscheinend kulturelle Situationen, in denen wir Apparate so bedienen, wie es Affen tun, weil wir die Apparate nicht vollständig oder nur teilweise kennen. In diesen Situationen funktionieren die Apparate und unsere Finger. Gegen solche funktionelle Situationen wenden sich Revolutionen, Revolutionen zur Befreiung von Fingern.

Um eine Schreibmaschine kennenzulernen, müssen unsere Finger entweder empirisch oder mit Hilfe einer »ad hoc« erfundenen Technik mit der Maschine umzugehen lernen. Sie müssen lernen, die für die Maschine geeigneten Bewegungen auszuüben und sich in diesem Sinn von der Maschine aneignen lassen. Es geht aber um keine entfremdende Aneignung. Sondern um einen dialektischen Prozeß, in dem die Maschine von den Fingern angeeignet wird, nachdem die Finger von ihr angeeignet wurden. Dabei werden gewisse Möglichkeiten der Maschine und der Finger ans Licht kommen. Das ist Lernen: herauszufinden, was mit der Maschine und mit den Fingern machbar ist. Besser gesagt, was die Finger mit der Maschine machen können und wozu die Maschine die Finger provozieren kann. So daß die Maschine und die Finger zu Horizonten einer dialektischen Beziehung werden (zu der des Schreibens). Die Maschine gehört den Fingern (ist für sie gemacht), und die Finger gehören der Maschine (bewegen sich in geeigneter Weise). Die Beziehung zwischen der Maschine und den Fingern ist aber nicht symmetrisch (es besteht nicht die Gefahr, daß das Schreiben tatsächlich entfremdend wirkt, wie es im Falle der Stenotypistinnen in Ämtern und Banken ist). Die Beziehung ist nicht symmetrisch, weil die Bewegung der Maschine von der Bewegung der Finger abhängt, die die Freiheit artikulieren.

Das Fehlen der Symmetrie ist objektiv nicht zu merken. Ein Marsbewohner, der das Schreiben der Affen, das einer Stenotypistin und mein Schreiben beobachten würde, könnte zwischen ihnen nicht unterscheiden. So sorgfältig er auch die drei Situationen beobachtete, er könnte nur die Dialektik zwischen dem Zufall und der Notwendigkeit, nie aber die Freiheit bemerken. Nur ich bin in der Lage, es festzustellen, denn ich schreibe und überschreite gleichzeitig die Situation, in der ich schreibe. Die Überschreitung bedeutet keine Entfernung wie bei den Marsbewohnern, sondern Teilnahme an der Situation. Sie ist nicht »metaphysisch«, sondern engagiert. Ich engagiere mich in der Situation mit meinen Fingern und überschreite die Situation, indem ich die Finger, die mir gehören, beobachte. Ich weiß, daß ich dank dieser Überschreitung schreibe, was ich will, und es nicht wie die Affen dem Zufall überlasse oder wie die Stenotypistin einem Auftraggeber. Das

Wissen von meinem freien Willen ist nicht zu bezweifeln, obwohl ich von der totalen Bedingtheit der Handlung des Schreibens und von meinem Entschluß zu schreiben weiß. Das ist die Dialektik meines Gewissens, die die Marsbewohner nie werden feststellen können. Die Freiheit ist deshalb nie zu erklären, denn einmal erklärt, wäre sie keine Freiheit mehr. Ich stelle indessen konkret fest, daß ich frei bin zu schreiben. Und das ist das Ziel jeder echten Revolution.

Meine Finger sind zweifellos in der beschriebenen Situation frei; das ist tatsächlich nicht zu erklären. Im Gegenteil, jede Erklärung wird die Freiheit verdecken, sobald auf die Kräfte hingewiesen wird, die die Bewegung meiner Finger bedingen. Jede Erklärung wird enthüllen, daß ich in jeder kulturellen und natürlichen Situation, in der ich mich mittels der Finger befinde, bedingt bin, weil die Bewegung der Finger bedingt ist. Jede Erklärung wird daher eine Entschuldigung für die Verteidiger der Entfremdung sein. Die Verteidiger werden sagen, daß die Freiheit nicht existiert, daß sie ein Vorurteil ist, und werden deshalb die entfremdende und bedingende Macht des Apparats rechtfertigen (sei er technokratisch, politisch oder von der Tradition geheiligt). Die Gegner, das ist wahr, werden die Abschaffung des Apparats empfehlen, aber auf die Art der wild auf die Tasten der Schreibmaschine hämmernden Affen. Sie werden die Stenotypistinnen befreien wollen, sie zu Affen machen wollen. Obwohl es scheinbar einen Widerspruch zwischen den Verteidigern und den Gegnern gibt, gibt es in Wirklichkeit eine Zusammenarbeit zwischen ihnen. Schimpansen arbeiten mit Gorillas zusammen, weil sie sich beide darüber einig sind, daß es einen Widerspruch zwischen der kulturellen und der natürlichen Bedingung des Menschen gibt. Bloß daß die Verteidiger der Entfremdung die Bedingung in der Kultur sehen und die Gegner in der Natur. Es existiert aber nicht notwendigerweise ein Unterschied zwischen der Kultur und der Natur. Die Kultur kann zur Natur des Menschen werden. Sie ist es tatsächlich schon. Die Kultur als die Natur des Menschen ist das Feld der Freiheit. Dort können die Finger zeigen, was sie können. Die Beobachtung meiner Finger, während sie diesen Text tippen, beweist es.

Der Mond

Der Mond gehörte bis vor kurzem der Klasse der sichtbaren Dinge an, die dem Gehör, dem Geruch, dem Tastsinn und Geschmack unzugänglich waren. Jetzt haben ihn Menschen berührt. Ist der Mond dadurch weniger problematisch geworden? Wir sollen unsere Sinne bezweifeln, sagt Descartes, weil sie einander widersprechen. Der Mond wurde bis vor kurzem von einem einzigen Sinn wahrgenommen, so daß es also keinen Widerspruch zwischen den Sinnen gegeben hat; jetzt aber kann es ihn geben. Wir können den Mond von jetzt an auf verschiedene Weisen bezweifeln. Woher wissen wir zum Beispiel, daß ihn jemand berührt hat? Dieses Ereignis haben wir im Fernsehen gesehen und haben darüber in den Zeitungen gelesen. Bilder im Fernsehen sind zu bezweifeln, sie können ein Trick sein. Sollten sie als »Live from moon« erscheinen, wären sie um so verdächtiger. Wenn jemand zum Beispiel behauptet, »es regnet, und das ist wahr«, dann behauptet er etwas weniger, als wenn er nur »es regnet« sagt. Außerdem ist die Glaubwürdigkeit der Zeitungen keinesfalls absolut. Wir können also bezweifeln, daß der Mond berührt wurde. Dieser Zweifel ist noch unvernünftiger als der andere: Gibt es den Mond wirklich, oder ist er nur eine Fiktion? Es ist nämlich unvernünftiger, die Kultur anzuzweifeln als die Natur. Methodisch die Natur zu bezweifeln ist vernünftig, weil dieser Zweifel zur Naturwissenschaft führt. Wogegen die Kultur zu bezweifeln (Fernsehen und Zeitungen) scheinbar zu nichts führt. Laut Fernsehen und Zeitung ist der Mond aus dem Feld der Natur in das Feld der Kultur übergegangen und sollte nicht mehr bezweifelt werden. Astronomen, Dichter und Zauberer waren für den Mond zuständig, jetzt sind es Politiker, Advokaten und Technokraten. Und wer kann an denen zweifeln? Von jetzt an ist der Mond ein Grundstück der NASA, obwohl er sich bewegt. Kann es einen größeren Beweis für seine Wirklichkeit geben? Der Mond ist ein »real estate« (Grundbesitz), und damit enden alle Zweifel. Auch so aber gibt es gewisse Probleme, und zwar nicht mit dem Mond selbst, sondern in bezug auf unser In-der-Welt-Sein. Verworrene Probleme, von denen ich jetzt einige besprechen werde.

Wenn ich in klaren Nächten den Mond anschaue, sehe ich keinen Satelliten der NASA. Ich sehe ein C, ein D oder eine runde, beleuchtete Scheibe. Ich sehe die »Mondphasen«. Der Mond verändert seine Form. Ich habe gelernt, daß er selbst seine Form nicht verändert, sondern die Veränderung nur scheinbar ist. Ist der Schatten der Erde nicht ebenso wirklich wie der Mond? Dem gesunden Menschenverstand zufolge sehe ich nicht die Veränderung des Mondes selbst, sondern die Veränderung meiner »Wahrnehmung des Mondes«. Der gesunde Menschenverstand bezieht sich aber nicht auf primitive Völker. Solche Völker sehen die Geburt, den Tod und die Auferstehung des Mondes. Ich sehe den Mond nicht nur mit den Augen, sondern auch mit dem gesunden Menschenverstand meiner Kultur. Dieser gesunde Menschenverstand läßt mich »Mondphasen« sehen, aber (noch) nicht den Mond als Eigentum der NASA.

Ist der Sehsinn, der allen, die Augen haben, gemein ist, allgemeiner als der gesunde Menschenverstand? Können alle, die Augen haben, den Mond sehen? Fotoapparate und Ameisen? Ist es nicht ein Anthropomorphismus, wenn ich sage, daß der Mond von Ameisen gesehen wird? Werde ich mit einer Linse, die dem Ameisenauge nachgebaut ist, den Mond sehen? Oder bezieht sich der gesunde Menschenverstand, der uns den Mond zu sehen erlaubt, nur auf Menschenaugen? Gibt es eine westliche Augenkrankheit, die mich »Mondphasen« sehen läßt, und eine andere, noch menschlichere Krankheit, die mich den Mond sehen läßt?

Wenn ich in klaren Nächten den Mond anschaue, sehe ich

keinen Satelliten der NASA, obwohl ich weiß, daß ich einen Satelliten der NASA sehe. Ich sehe weiter einen Satelliten der Erde, mein Sehen integriert mein Wissen nicht. Eine solche Unfähigkeit, Wissen mit Hilfe des Sehens zu integrieren, charakterisiert Situationen, die man Krisen nennt. Wahrscheinlich wußten die Griechen zur Zeit des Hellenismus, daß der Mond eine Kugel ist, und trotzdem fuhren sie fort, in ihm eine Göttin zu sehen. Die Melanesier wissen wahrscheinlich, daß der Mond ein Satellit der NASA ist, und glauben weiter an ihn als an ein Fruchtbarkeitssymbol. In einer Krisensituation gelingt es einer Weltanschauung nicht, das Wissen zu integrieren.

Um den Mond zu sehen, muß ich ihn anschauen. Um den Wind zu hören, brauche ich nicht hinzuhören; ich kann, muß es aber nicht. Um zu sehen, muß ich Augen und Kopf bewegen. »Die Augen zum Himmel heben«. Ich muß es den Hunden gleichtun, sie bewegen Nase und Ohren, wenn sie hören und riechen wollen. Ihre Welt muß anders sein als unsere. Uns sind Töne und Gerüche gegeben, aber Licht wird von der Aufmerksamkeit, die wir ihm widmen, provoziert. In Hunden werden Töne und Gerüche ebenso provoziert. Wir leben in zwei Welten: in einer uns gegebenen Welt und der anderen, die von der Aufmerksamkeit, die wir ihr schenken, provoziert wird. Der Sehsinn ähnelt darin dem Tastsinn: Er wendet sich dem Phänomen zu. Die »objektive« Erklärung, daß das Auge elektromagnetische Wellen so aufnimmt wie das Ohr Schallwellen, verbirgt die Tatsache, daß Augen Armen ähnlicher sind als den Ohren. Sie greifen nach etwas, sie sind nicht unbeweglich. Dies ist im Fall des Mondes wichtig, der sichtbar, aber nicht hörbar ist. Es wurde nach ihm gegriffen, er wurde nicht bemerkt.

Kulturen, die ihre Augen nicht zum Himmel heben, sondern ihre Aufmerksamkeit auf die Erde lenken (die tellurischen Kulturen), suchen den Mond nicht. Die Kulturen, die ihre Zeit mit dem Betrachten des Himmels verbringen (die uranischen Kulturen), neigen dazu, dem Mond eine bedeutende Rolle zu geben. In diesem Sinne ist der Mond das Ergebnis gewisser Kulturen. Wie kann ich also behaupten, daß die NASA mit ihrer Berührung des Mondes aus einem Naturphänomen ein Kulturphänomen gemacht hat, ein Instrument der Astronautik? Wenn doch der Mond immer schon das Ergebnis der »uranischen« Kultur war, die wie unsere ist? Um auf diese Frage eine bessere Antwort zu geben, muß ich mir den Mond näher anschauen.

Was bedeutet »aus der Nähe anschauen«? Es kann bedeuten, sich dem Mond durch das Besteigen der Berge oder mit einer Rakete zu nähern. Es kann auch bedeuten, ihn mit einem Teleskop oder einem ähnlichen Instrument näher zu bringen. Doch das muß es nicht bedeuten. Da der Mond nicht etwas Gegebenes, sondern etwas mit Interesse Herbeigeholtes ist, kann »näher anschauen« bedeuten, ihn mit mehr Aufmerksamkeit anzuschauen, um ihn klarer zu sehen. Wenn ich mir den Mond folglich in klaren Nächten mit größerer Aufmerksamkeit anschaue, werde ich begreifen, warum ich ihn für ein Naturphänomen halte. Ich kann ihn nicht sehen, wo und wann ich will. Obwohl ich ihn sehen wollen muß, um ihn zu sehen, bleibt mein Wille vom Mond selbst abhängig. Der Mond wird von meinem Wunsch, ihn sehen zu wollen, hervorgerufen, doch unterwirft sich der Wille den Regeln des Mondes. Der Mond gibt mir seine eigenen Spielregeln. Infolgedessen ist es schwer, an ihm Zweifel zu haben und ihn zu manipulieren. Der Mond ist nicht meine Erfindung, er gehört in die Natur.

Mein Blick hat bewiesen, daß der Mond keine Erfindung von mir ist, aber ob er Natur oder Kultur ist, hat er noch nicht gezeigt. Doch, er hat es gezeigt. Der Mond ist hartnäckig. Er hat mir seine Spielregeln auferlegt. Ich sehe den Mond seiner eigenen Notwendigkeit wegen, der Notwendigkeit, die Naturgesetz ist. Die Dinge der Kultur sind nicht derartig hartnäckig. Sie sind dort, wo sie zu sein haben, um mir zu dienen.

Wenn ich meine Schuhe sehen will, schaue ich in die Richtung, wo sie sein sollen, ich sehe sie und bediene mich ihrer. Das ist die Essenz der Kultur. Wenn ich aber den Mond sehen will, muß ich in die Richtung schauen, wo er notwendigerweise ist. Das ist das Wesen der Natur, und deshalb nehme ich den Mond als Naturphänomen an, obwohl ich weiß, daß er heute nicht mehr dort ist, wo er sein muß aus Notwendigkeit, jetzt dort ist, wo er als Plattform für Reisen zur Venus sein soll. Derweil bin ich unfähig, die Brauchbarkeit des Mondes zu akzeptieren. Ich sehe ihn hartnäckig unbrauchbar, sehe ihn noch als natürlichen Satelliten der Erde.

Mein Blick hat mir aber keine zufriedenstellende Antwort gegeben. Ich habe nicht gefragt, warum ich den Mond, trotz NASA, für natürlich halte, sondern warum ich ihn trotz der Tatsache, daß er seit jeher das Resultat des »uranischen« Aspekts meiner Kultur ist, für natürlich halte. Ich habe indessen nicht nach meiner Unfähigkeit, neues Wissen zu integrieren, gefragt, sondern nach meiner Unfähigkeit, mich an meinen Ursprung zu erinnern. Ich muß meinem Blick helfen, die Antwort auf eine so schwierige Frage herauszufordern. Warum sehe ich nicht, daß der Mond ursprünglich meiner Kultur entsprungen ist, und nehme ihn als gegeben an? Die Antwort beginnt sich zu artikulieren. Weil ich meiner Kultur ambivalent gegenüberstehe. Einerseits gebe ich zu, daß meine Kultur aus Dingen besteht, die geduldig darauf warten, von mir benutzt zu werden, und andererseits muß ich zugeben, ohne diese Dinge nicht auskommen zu können. Insofern ist der Mond das genaue Gegenteil meiner Schuhe. Der Mond ist nötig, aber entbehrlich. Schuhe werden nicht aus Notwendigkeit gewählt, sind aber unentbehrlich. Der Mond erlegt mir wegen seiner hartnäckigen Notwendigkeit seine Ordnung auf. Schuhe bedrücken mich durch ihre nicht notwendige Unentbehrlichkeit. Deswegen kann ich nicht sehen, ob der Mond ursprünglich meiner Kultur entsprungen ist. Warum hätte meine Kultur etwas Notwendiges und Entbehrliches erzeugen sollen?

Mein Blick ist von einem Vorurteil des gesunden Menschenverstandes meiner Kultur entstellt worden: Alles, was nötig und entbehrlich ist, nenne ich »Natur«, und alles nicht Notwendige und Unentbehrliche nenne ich »Kultur«. Fortschritt ist, notwendige und entbehrliche Dinge zu nicht notwendigen und unentbehrlichen Dingen zu machen. Natur kommt vor der Kultur, und Fortschritt ist das Verwandeln der Natur in Kultur. Mit dem Beschreiten des Mondes durch die NASA und mit seiner Verwandlung in eine Plattform wurde ein weiterer Schritt in Richtung Fortschritt gemacht.

Dieses Vorurteil des gesunden Menschenverstandes ist logischerweise widerspruchsvoll, ontologisch falsch, existentiell unhaltbar und muß aufgegeben werden. Und sobald es mir gelingt, mich von dem Vorurteil zu befreien, werde ich den Mond klarer sehen. Ich sehe jetzt überrascht, daß der Mond, weit davon entfernt, ein Naturphänomen zu sein, das zu Kultur wird, immer ein kulturelles Phänomen war und ist, das beginnt, Natur zu werden. Kultur ist in Wirklichkeit die Summe brauchbarer Dinge, die nach und nach unentbehrlich werden. Und Natur ist in Wirklichkeit die Summe nicht notwendiger und entbehrlicher Dinge, spätes Produkt und Luxus der Kultur. Mein Blick auf den Mond beweist es auf folgende Weise:

Stellen wir uns für einen Augenblick vor, daß der Mond tatsächlich durch die NASA aus Natur zu Kultur wurde. Die »Rückkehr zur Natur« wäre also außerordentlich einfach. Es genügte, die Mittel der NASA zu kürzen, und der Mond würde wieder ein Thema für Dichter sein und der Kompetenz der Technokraten entkommen. Die Romantik (angefangen mit Rousseau bis zu den Hippies) plädierte für das Streichen der Mittel für die NASA. Wäre das tatsächlich eine »Rückkehr«? Nein, es wäre ein Fortschritt. Der Mond war vor der NASA das Resultat der »uranischen«, westlichen Kultur, deren vorgefaßtes Ziel letztlich die Manipulation durch die NASA war. Unsere neolithischen Ahnen haben zum Mond geschaut (haben ihn hergeholt) und haben ihn am Ende in eine Plattform für die Venus verwandelt. Wir, ihre Nachkommen, sehen, wenn wir zum Mond schauen, ein Fruchtbarkeitssymbol, eine Göttin, einen natürlichen Satelliten, alles Phasen in Richtung der Plattform. Wir sehen den Mond immer als potentielle Plattform, obwohl es uns nicht bewußt ist. Der erste Blick zum Mond beinhaltet schon im Keim die NASA.

Die Mittel der NASA zu streichen wäre ein Schritt über die NASA hinweg. Der Mond würde dadurch zu einem Gegenstand der »l'art pour l'art«, nicht notwendig, entbehrlich, den die Dichter besingen würden. Einen solchen Gegenstand können wir mit Berechtigung »Naturgegenstand« nennen. Eine solche Verwandlung von Kultur in Natur gibt es auf allen Seiten. In den Alpen, an den Stränden, in den Vororten der Großstädte. Die Romantiker des achtzehnten Jahrhunderts haben die Natur »entdeckt« (sie haben sie erfunden), und die Romantiker unseres Fin de siècle verwirklichen sie. Eine der Methoden zu einer solchen Veränderung heißt »angewandte Ökologie«. Auf den Mond angewandt, wird aus dem Mond Natur, so daß wir beim Anschauen des Mondes, in klaren Nächten, nicht die Vergangenheit des Mondes vor der NASA sehen, sondern den Zustand nach der NASA. Unser Blick, der von der Romantik inspiriert ist, wird prophetisch. Und tatsächlich sehen wir den Mond immer romantisch, als ob er schon ein Gegenstand der Natur wäre und nicht, wie wir doch wissen, Gegenstand einer Kultur, die darauf hinzielt, ihn in eine Plattform zu verwandeln.

Eine beunruhigende Antwort. Der Mond wird als ein Gegenstand der Natur angesehen, das heißt als das letzte Produkt unserer Kultur. Wie sollte ich mich in einer solchen Situation für eine Kultur engagieren, die dazu neigt, zu ihrem eigenen Verrat zu werden, zur romantischen Natur? Diese Frage betrifft indessen den Mond nicht. Er setzt unerschütterlich seinen vorerst entbehrlichen Weg fort. So zu fragen führt zu nichts. Es führt zu nichts, die Augen zum Mond zu erheben.

»Don't lift up your eyes to it, for it moves impotently, just as you and I.«

Berge

Wer sich aus der Ebene einer Gebirgskette nähert und vermutet, daß die dunstig blauen Formen, die er plötzlich erblickt, Berge sein könnten, kann sich folgendes denken: Ich vermute, daß die Formen am Horizont keine Wolken, sondern Berge sind, obwohl sie Wolken ähneln, weil Berge von weitem Wolken zu sein scheinen. Wüßte ich das nicht, wäre mir nie eingefallen, Berge zu vermuten. Sehr bald werde ich die Vermutung entweder bestätigt haben oder nicht, weil ich erkennen werde, ob es Berge oder Wolken sind. Angenommen, ich hätte Berge nie gesehen und nie von Bergen gehört: In diesem Fall würde ich gewiß nicht bezweifeln, daß die Formen am Horizont Wolken sind. Was sähe ich aber, wenn sie sich nach ein paar Minuten als Nicht-Wolken entpuppten? Fügte mir eine so außerordentliche Erfahrung nicht einen heftigen Schock zu? Imstande, mich zu töten? Der, der nur Ebenen kennt, dessen Landschaft ganz flach ist, wird nur schwer die Begegnung mit etwas derartig Außergewöhnlichem, so riesig Absurdem, wie es Berge sind, überleben können. Das Gefühl bei der Annäherung an ein Gebirge muß ein blasser Schatten des heiligen Schreckens sein, den unsere sibirischen Ahnen erlebt haben, als sie zum ersten Mal die Gebirgskette des Pamir-Hochplateaus erblickt haben (sollte die Hypothese richtig sein, daß wir von Steppenvölkern abstammen). Ein solcher Urschrecken muß auf dem Grund unseres kollektiven Unterbewußtseins liegen.

Der Blick der Nomaden der Steppe ist nicht die einzige Art, »vorurteilslos« die Berge anzuschauen. Es gibt auch den Blick der Bergbewohner, die ihr Land nie verlassen haben. Wie sieht jemand den Berg, der jede Spur auf den Flanken der Berge, die ganze Fauna und Flora durch und durch kennt? Sieht er die Berge mit den Spuren, Tieren und Pflanzen, wie wir sie sehen? Oder sieht er Spuren, Tiere und Pflanzen in eine komplexe Struktur zusammengefügt, die der »Berg« ist? So daß er das, was wir als bloße Unebenheiten sehen, als bestimmte Dinge sieht, die zueinander gehören in Form eines Berges? Die Frage ist nicht zu beantworten, weil wir uns weder die Augen der Nomaden der Steppe noch die der Bergbewohner aneignen können. Wir sind dazu verurteilt, die Berge mit den Linsen aller Vorurteile unserer Kultur zu sehen. Wir leben infolgedessen in einer Welt, in der Berge von weitem Wolken zu sein scheinen.

Angenommen, daß wir Berge mit allen unseren kulturellen Vorurteilen der Bürger des zwanzigsten Jahrhunderts sehen. Ist der Blick der Nomaden und Bergbewohner vorurteilslos (naiv)? Gewiß nicht, denn auch der Bergbewohner (sollte er tatsächlich Berge sehen) ist von seiner Kultur bedingt. Ebenso der Nomade, der durch seine Kultur nicht darauf eingestellt ist, Berge zu erwarten, und deshalb geschockt ist. Der »naive, vorurteilslose Blick« ist nicht der primitive, ursprüngliche Blick, frei von jeder Kultur. Nach jenem Blick strebt die Elite des Westens, spätes Produkt einer tausendjährigen Geschichte. Naivität ist das Ideal einer illusionslosen Kultur, die nur auf spekulative Weise die Naivität gewinnen kann. Eine nicht spekulative Naivität ist unvorstellbar, es gibt sie sogar bei Kindern nicht. Es ist aber eine Tatsache, daß der, der Berge so sehen will, wie sie sind, und nicht unabhängig von Vorurteilen, versuchen muß, sie naiv zu sehen. Er muß versuchen, es mit Vorsatz zu tun, sie nicht mit den Augen der sogenannten »Primitiven« zu sehen, sondern mit einem phänomenologisch geschulten, spekulativ fundierten Blick. Mit anderen Worten, wenn ich versuche, »den Bergen das Wort zu gewähren, damit sie enthüllen, was sie sind«, nehme ich eine Einstellung ein, die sich auf der Höhe meiner Kultur bewegt. Dieser scheinbare Widerspruch scheint unvermeidlich zu sein und entwertet nicht notwendigerweise die

Resultate, die dank des geschulten naiven Blicks erreicht wurden.

Nehmen wir also an, daß ich, ein Bürger des zwanzigsten Jahrhunderts, mich auf der Straße von Bourg-en-Bresse dem Jura-Gebirge nähere, um das Gebirge so zu sehen, wie es ist, und nicht wie es die Touristen sehen. (Touristen: Bürger des zwanzigsten Jahrhunderts, die sich dem Jura auf der Straße von Bourg-en-Bresse nach bestimmten Modellen nähern.) Ich werde mir fest vornehmen, einen naiven Blick auf das Jura-Gebirge zu gewinnen, was den Verzicht auf meine Vorurteile in bezug auf das Jura-Gebirge voraussetzt. Indes werde ich feststellen, daß solche Vorurteile nicht notwendigerweise das Aufdecken der Essenz des Gebirges behindern. Sie können, im Gegenteil, eine wichtige Vermittlung zwischen meiner Sicht und der »Bergheit« sein, sogar wenn es um oberflächliche Vorurteile geht, die den Berg selbst scheinbar gar nicht berühren. Ich stelle es eben auf meinem Weg zum Jura-Gebirge fest. Ich hege gegen das Jura-Gebirge einige Vorurteile, von denen sich manche auf den Namen (bloß den Namen) der Bergkette beziehen. Sobald ich versuchsweise eines dieser Vorurteile in Anführungszeichen setze (eine scheinbar ganz leichte und bescheidene Aufgabe), geschieht folgendes:

Aus der Schule erinnere ich mich, daß es eine Periode in der Geschichte der Erde gibt, die Jura heißt. Es ist die zentrale Epoche des Mittelalters der Erde, und die ersten Forschungen dieser Epoche (die, sollte ich mich nicht irren, etwas mit den Riesensauriern zu tun haben) wurden wahrscheinlich hier unternommen. Das Gebirge, dem ich mich nähere, muß damals entstanden sein, und seine weißlichen Felsen, die in dem bunten Laub strahlen, dienten ehemals den Eiern des Brontosaurus und waren dem Pterodaktylus Abflugstelle, so wie es heutzutage der Genfer Flugplatz für die Düsenflugzeuge ist. (Ich nehme bloß an, daß es damals weder den Genfer See, Lac Leman, noch die Alpen, noch Europa zu überfliegen gab.) Das ist kein Wissen, es ist ein schlecht verdauter Salat oberflächlich assimilierter Informationen aus der Schule. Es ist ein Vorurteil. Wie verzaubert ist indessen das Vorurteil aus den Büchern in die konkrete Welt ausgebrochen. Ich kann nicht so ohne weiteres tun, als ob ich beim Anschauen dieser Berge das Vorurteil nicht hätte. Die Erinnerung an den Pterodaktylus macht ihn dort so gegenwärtig wie das Herbstlaub (obwohl er einer anderen Wirklichkeit angehört). Ich kann zweierlei tun: Ich kann mein Vorurteil in bezug auf den Jura in der nächsten Buchhandlung in St. Claude kontrollieren und nachher die Berge, mit einem besseren Wissen ausgestattet, anschauen (obwohl, notwendigerweise, mit einer oberflächlichen, unwissenschaftlichen Kenntnis). Den naiven Blick auf die Berge werde ich nicht gewinnen. Ich kann aber auch versuchen, mein Vorurteil zwar nicht vollkommen, aber soweit es geht zu bezwingen, damit ich bis zur Essenz des Berges vordringe, die die folgende ist: Berge haben eine Geschichte, besser gesagt, eine Biographie. Was wird aus diesen Bergen, wenn ich sie mir mit einem so kleinen Vorurteil ansehe?

Wenn ich sage, daß Berge eine Biographie haben, denke ich an Prozesse, die mit ihrer Formation (»Geburt«) beginnen, mit ihrer Nivellierung (»Tod«) enden und Stufen durchlaufen, in denen Zufälle sie verändern können. Sie erscheinen als etwas ganz Neues (als neugeborene Kätzchen oder funkelnagelneue Autos), sie altern, werden benutzt und abgenutzt (so wie eine Katze, die ein Auge verloren hat, oder ein beschädigter Wagen aus zweiter Hand) und verschwinden schließlich von der Oberfläche (wie eine tote Katze oder ein verschrottetes Auto). Jetzt, beim Anblick dieser Berge, sehe ich nur einen Moment lang ihre Biographie. Jetzt, wenn ich das Vorurteil in bezug auf sie annehme, sehe ich klar. Die Berge des Jura stehen in der Blüte der Jahre, das »Massif Central«, das ich gestern überquert habe, ist ein gebrechlicher Greis, und die Alpen, auf der anderen Seite des Sees (deren schroffe Konturen ich sehe), sind mitten in der Pubertät. Es geht jetzt um kein Vorurteil: Ich sehe es ganz deutlich am Phänomen selbst. Aber wohlgemerkt: Hätte ich auf meinem Vorurteil nicht bestanden, hätte ich es nicht gesehen.

Obwohl der Berg ein diachronisch strukturierter Prozeß ist, wie der meines Autos und meiner Hand, gibt es folgenden Unterschied: Meine eigene Biographie umfaßt die meines Autos und wird von der der Berge umfaßt. Mein Auto ist ein Zufall in meinem Leben und mein Leben Zufall in der Geschichte des Berges. Das ist von jetzt an kein Vorurteil mehr: Ich kann es an meinem Auto, an meiner Hand und am Berg sehen. Konkret sehe ich, daß das Auto kurzlebiger als die Hand und die Hand kurzlebiger als der Berg ist, und ich sehe, daß diese Tatsache nichts mit der Größe und dem Material zu tun hat. Das Auto ist größer als mein Körper, aber ich kann es überleben. Das Auto ist aus Stahl, ein haltbareres Material als das des Berges (vom Stoff meines Körpers ganz abgesehen), und ich weiß, daß der Berg das Auto überleben wird. Der Unterschied liegt im Rhythmus der drei Dinge (Auto, Hand, Berg), und ich sehe, so unglaublich es ist, diesen Unterschied. Das, was wir »Leben« nennen, ist ein Prozeß mit einem spezifischen Rhythmus, und infolgedessen sehe ich, daß der Berg kein belebtes Ding ist. Nicht, weil er nicht aus Aminosäuren besteht oder weil er groß ist, sondern weil er einem anderen Rhythmus gehorcht. Sollte es mir gelingen, in diesen Rhythmus einzudringen, hätte ich Zugang zu der Essenz des Berges. Aber das gelingt mir nicht.

In einen Rhythmus eindringen heißt mitschwingen, in »Sympathie« sein. Diese Sympathie wird von den Pythagoräern als »Wissen« angesehen. Sie haben die Welt für einen Kontext von Dingen gehalten, die in diversen Rhythmen schwingen, und das Wissen haben sie für die Sympathie mit allen Rhythmen gehalten. Dieses Wissen war dank Mathematik und Musik möglich, weil sie die Struktur aller möglichen Rhythmen sind. Wenn ich mir den Berg ansehe, wie ich ihn jetzt sehe, pythagoräisch, dann versuche ich, auf seine Essenz, seinen Rhythmus zu kommen. Mit folgendem Unterschied: Ich glaube nicht mehr mathematisch hingelangen zu können. Denn ich weiß, daß die Mathematisierung des Berges diverse Naturwissenschaften zur Folge hat und nicht zum Aufdecken der Essenz des Berges führt. Die Mathematik ist nicht die Struktur aller Rhythmen, sondern die Struktur des menschlichen Intellekts. Inwieweit die Leistungsfähigkeit der Musik dazu verhilft, in die Essenz der Berge einzudringen, weiß ich nicht. Die Musik wurde innerhalb meiner Kultur kaum dafür angewandt. Ich vermute, daß die Musik ebenso wie die Mathematik den menschlichen Rhythmus hat, weil Musik und Mathematik miteinander verwandt sind. Ich sehe den Berg, so wie ihn wahrscheinlich Pythagoras gesehen hat, und ich empfinde – so wie er – den Rhythmus des Berges. Aber seine Überzeugung, daß jener Rhythmus mathematisch artikulierbar ist und daß Nummern die Essenz des Berges sind, habe ich verloren. Sollte Naivität bedeuten, Überzeugungen zu verlieren, bin ich naiver als Pythagoras. Wir, er und ich, stehen auf den zwei entgegengesetzten Extremen des Prozesses der »Naturwissenschaft«. Er wußte nichts vom Pterodaktylus, und ich weiß nichts von der Essenz des Berges. Das »wesentliche« Wissen nimmt im Laufe der Geschichte der Wissenschaft ab, und die Naivität nimmt zu.

Ich kann mit dem Berg nicht in Sympathie treten. Meine Unfähigkeit ist die Art, wie sich der Berg enthüllt. Er enthüllt sich als etwas, dessen Rhythmus empfunden, genossen und sogar manipuliert werden kann, doch existentiell nicht absorbierbar ist. Das ist ein Aspekt der Essenz des Berges, ein Ding zu sein, dessen Rhythmus existentiell nicht erfaßbar ist. Der Glaube kann Berge versetzen, der Bulldozer kann das gleiche, den Rhythmus erfassen wir nicht. Dort steht der Berg, unbeweglich und stumm, passiv in seiner majestätischen Pracht, und jetzt, nachdem ich ihn bestiegen habe, sehe ich, daß seine Felsen ihre diachronische Struktur in parallelen Schichten synchronisieren, wobei aus dem »Früheren« das »Tiefere« wird. Ich sehe den Berg in der Oktobersonne, in den strahlenden

Farben seiner Wälder. Ich spüre seinen Pulsschlag, weiß von ihm, kann ihn aber nicht begleiten. Sein Rhythmus ist nicht der meine. Das ist es, was ich mit dem Wort »Berg« meine: trotz allem Wissen ein unerreichbarer Rhythmus. Wenn es indessen dieses Wissen nicht gäbe, hätte sich die Essenz nicht enthüllt. Wenn ich auf alle Kenntnis verzichtet hätte, wäre der Berg, trotz seines Rhythmus, stumm geblieben.

Es ist mir nicht gelungen, mein Vorurteil bezüglich der Konnotation des Namens »Jura« zu beheben. Vielleicht wollte ich es gar nicht? Hatte ich Grund dazu, es nicht zu wollen? Derjenige, dem es gelungen ist, tiefer in die Essenz des Berges zu dringen, möge die Antwort geben. Es ist eine, mit verschiedenen Methoden leicht lösbare Aufgabe, wobei die Methoden aber alle anders sind als meine. Was mich anbelangt, werde ich einige Zeit in den Bergen verbringen. Nicht als Nomade, auch nicht als ein Bergbewohner, auch nicht als Kind oder als Tourist, sondern als jemand, dem es nicht gelingt, sich von Vorurteilen gegenüber dem Jura zu befreien, auch nicht wie jemand, der danach strebt. Als jemand, der dazu verurteilt ist, mit den Vorurteilen zu leben, und dem es manchmal auch gefällt. Ist das eine andere Naivität?

Der falsche Frühling

Die Landschaft, die ich durch mein Fenster sehe, ist nicht, wie sie sein soll; die Dinge dort draußen wissen nicht, wie sie sich zu benehmen haben. Es ist Mitte Februar, und die Landschaft sollte winterlich sein, die Wiesen unter der Schneedecke ruhen, die Bäche und Wasserfälle sollten erstarrt und unbeweglich die befreienden Kräfte der Märzsonne erwarten. Die Tannen sollten stolz ihren Schmuck aus glitzernden Kristallen tragen, die Apfelbäume tot aussehen, und ihre verrenkten, nackten Äste sollten nach Wiedergeburt in Form von Blüten und Blättern rufen. Bei ihrer Suche nach Futter hätten Rehe und Hirsche ihre Fußstapfen im Schnee hinterlassen sollen, weil sie bei der Suche nach Futter ins Tal hätten kommen müssen. Das einzig Bewegliche in der Landschaft, die ich aus meinem Fenster sehe, sollten, mitten auf dem Rasen, Raben sein, auf dem Fenstersims, wo wir Brösel hinstreuen, Spatzen; die Pfoten des wolligen Nachbarhundes sollten ungeschickt im Schnee versinken. In der transparenten Luft von minus zehn Grad sollte das Blau der Morgensonne zu dem glitzernden Weiß der Landschaft einen Kontrast bilden. So sollte die Szene sein, doch sehe ich etwas anderes.

Die Wiese vor meinem Haus hat die Farbe von grauem Stroh, aus dem stellenweise ein helles Grün zum Vorschein kommt. Die Wasserfälle strömen über die nackten, vom Schnee, der sich auf die Höhe von 1200 Metern zurückgezogen hat, entblößten Felsen herab. Die Tannen sind genauso grün wie im Juli. Die Apfelbäume scheinen, aus der Nähe betrachtet, von leicht angedeuteten Keimen und Knospen bedeckt zu sein. Die Terrasse ist voller Singvögel mit roter, gelber oder schwarzer Brust und gelben und schwarzen Schnäbelchen. Ich kenne diese Vogelarten nicht, doch weiß ich, daß sie in Afrika und nicht in den Alpen sein sollten. Kurz, die Landschaft ist nicht so, wie sie Mitte Februar zu sein hat. Nein, ich korrigiere: Hätten wir tatsächlich Ende März, wäre die Wiese sanft grün, und es gäbe die ersten Blumen. Insekten gäbe es auf der Wiese, so daß die Vögel nicht auf meiner Terrasse wären, sondern Insekten jagen würden. Die Tannen wären nicht so grün wie im Juli, sondern hätten die typisch hellgrüne Farbe des Frühlings. Was ich aus dem Fenster sehe, ist kein Frühling.

Zweifellos ist die Schilderung der Aussicht aus meinem Fenster ungewollt aristotelisch. Meine Landschaft drückt der Schilderung aristotelische Kategorien auf, die seit Jahrhunderten vom westlichen Denken überholt sind. Wenn ich behaupte, daß die Landschaft nicht so ist, wie sie sein soll, spreche ich von Gerechtigkeit (»Dike«). Wenn ich sage, daß die Dinge (Wiesen, Wasserfälle, Tannen, Vögel und Rehe) nicht wissen, was sie tun sollen, anthropomorphisiere ich nicht. Ich betrachte sie als Organe eines lebendigen, zur Zeit kranken Superorganismus (Kosmos). Bei der Beschreibung der Unordnung dort draußen spreche ich vom Rhythmus (Pathos). Kurz, was ich durch mein Fenster sehe, ist »Natur« im Sinne von »Physis«. Ich sehe, daß es die natürlichen Dinge schwer haben, ihren gerechten Platz in der Natur zu finden, und daß infolgedessen das, was ich sehe, unnatürlich, falsch ist. Die natürliche Situation, jetzt, Mitte Februar, ist winterlich. Was ich sehe, ist ein falscher Frühling.

Ich wiederhole: Ich habe die aristotelischen Kategorien nicht absichtlich gewählt. Wie hätte ich es tun können? Es sind ja nicht meine Kategorien. Absichtlich hätte ich nie behaupten können, daß die Landschaft nicht so ist, wie sie im Februar zu sein hat. In meinen Kategorien bezieht sich das »Sein-Sollen« nur auf die Kultur, die Natur ist wertfrei. So daß für mich die Landschaft nicht ist, wie sie sein sollte, weil es zum Beispiel Fehler beim Anpflanzen der Bäume gegeben hat. Absichtlich würde ich nie sagen, daß Dinge nicht wissen, wie sie sich zu benehmen haben. In meinen Kategorien haben Dinge kein

»Wissen«. Sie befolgen Spielregeln (»Naturgesetze«), von denen sie bestimmt werden. Ich würde nie absichtlich behaupten, daß der Frühling »falsch« ist. In meinen Kategorien ist »falsch« eine Eigenschaft von Sätzen oder, in einem anderen Sinn, ist »falsch« der ästhetische Aspekt menschlicher Werke. Ich würde ebensowenig behaupten, daß meine Landschaft Ungerechtigkeit erleidet, infolge der Störung ihrer Ordnung. In einem solchen Fall wäre zu sagen, daß es übereinanderliegende Ordnungen gibt, wobei eine in die andere eingreift. Zu einer dieser Ordnungen gehört die Drehung der Erde um ihre Achse (»Winter–Frühling«), eine andere ist die der Winde, die durch Sonnenprozesse bestimmt werden. Ich würde die Situation um mich herum durch die theoretisch voraussehbare Eruption von warmen Winden in alpinen Tälern zu »erklären« versuchen. Es gilt also, in meinen Kategorien eine Situation zu erfassen, in der »moralische« Begriffe wie etwa Gerechtigkeit nicht am Platze sind.

Und noch etwas: Ich glaube zu wissen, wie die aristotelischen Kategorien entstanden sind, warum sie sich im Mittelalter erhalten haben und warum und in welcher Art sie in der Renaissance überholt wurden. Ich glaube, daß diese Kategorien das Ergebnis einer bestimmten Praxis und Ideologie der späten Antike sind, und zwar der handwerklichen Praxis und der Ideologie der Landbesitzer und Händler. Diese Kategorien haben wahrscheinlich das ganze Mittelalter hindurch gegolten, weil sie sich der feudalen (kirchlichen) Ideologie angepaßt und die damals gültige soziale Struktur verteidigt haben. Und ich glaube, daß jene Kategorien durch andere, revolutionäre, bürgerliche Kategorien einer neuen revolutionären Praxis und Ideologie ersetzt wurden. Daß also, soweit ich weiß, die aristotelischen Kategorien ein längst überholtes, historisch bedingtes, menschliches »In-der-Welt-Sein« spiegeln und keine »objektive« Struktur der Wirklichkeit. Spontan habe ich mich ihrer dennoch bei der Schilderung der Landschaft bedient.

Ich kann indessen nicht leugnen, daß mir die Kategorien in irgendeiner Weise von den Dingen selbst auferlegt wurden. Die Vögel auf meiner Terrasse, die um die Brösel kämpfen, leiden »wirklich« Mangel an Insekten. Es ist »wirklich« nicht »natürlich«, daß Apfelbäume zu dieser Zeit sprießen, wo doch ihre Knospen unausweichlich im kommenden Frost erfrieren werden; es ist »wirklich« nicht richtig, daß sich der Schnee auf große Höhen zurückgezogen hat, weil sich beim nächsten Schneegestöber Flächen ohne Grundlagen und Lawinen bilden werden. So daß Vögel, Apfelbäume und der Schnee »wirklich« desorientiert sind. Sie sind wirklich verwirrt und »sollten nicht tun«, was sie tun. Die Dinge selbst und nicht Aristoteles scheinen es zu sagen.

Ich kann selbstverständlich dem epistemologischen Problem, das hier entsteht und meinen Weg kreuzt, auf mindestens zwei Weisen ausweichen. Ich kann sagen, daß es schließlich Aristoteles ist, der spricht, und nicht die Dinge selbst. Denn Aristoteles lebt in mir, nah an der Oberfläche meines Bewußtseins, im leichten Schlaf, aus dem er von den äußeren Ereignissen geweckt wurde. Die Meereswinde, die in mein Tal eingebrochen sind, haben in mir einen epistemologischen Rückfall von mehr als zweitausend Jahren hervorgerufen. Und ich kann selbstverständlich auch einwenden, daß Vögel, Apfelbäume und der Schnee »wirklich« in aristotelischen Kategorien sprechen, weil sie von Aristoteles bei der gleichen, oberflächlichen Beobachtung, wie ich selbst sie mache, formuliert wurden. Daß aber Vögel, Apfelbäume und der Schnee in »fortschrittlicheren« Kategorien zu sprechen beginnen, wenn sie sorgfältiger und mit raffinierteren Methoden beobachtet werden. So daß die Kategorien, in denen sich die Dinge ausdrükken, von der Aufmerksamkeit, die ich ihnen widme, abhängen. Und daß ich ihnen bei der Schilderung der Landschaft eine »oberflächliche«, an Aristoteles angelehnte Beobachtung widme. Beide Arten, dem Problem auszuweichen, sind gleich gut; sollten sie analysiert werden, wären sie vielleicht aufeinander reduzierbar. Sie befriedigen mich aber nicht, und das Problem besteht weiter.

Sie befriedigen mich nicht, weil ich nicht glauben kann, daß der Frühling nur bei einem oberflächlichen Anblick »falsch« und bei näherer Betrachtung ein ganz normales meteorologisches Phänomen ist. Ich glaube, daß die Lage, in der ich mich befinde, beides ist: ein normales meteorologisches Phänomen ebenso wie ein falscher Frühling; und daß es nicht von meiner Beobachtung abhängt. Bloß, daß ich ein meteorologisches Phänomen sehe, wenn ich die Situation auf die eine Art und Weise ansehe, und einen falschen Frühling, wenn ich sie auf die andere Art ansehe. Ich gebe zu, daß ich Dinge auf verschiedene Art sehen kann und daß mein Blick diverse Aspekte der Dinge hervorruft, doch kann ich nicht zugeben, daß meine Augen diese Aspekte hineingelegt haben. Die Vögel sprechen in einer viel zu ausdrucksvollen und bestimmten Sprache, als daß ich es zugeben könnte. Es sind die Vögel selbst, die verlangen, aristotelisch angesehen zu werden. Könnte ich mich geistig nach Brasilien versetzen, würde das Problem möglicherweise klarer werden.

In Brasilien ist der Rhythmus zwischen den Jahreszeiten nicht genau artikuliert. Es gibt zwischen Mitte Februar und Ende März keinen wesentlichen Unterschied. So daß die »Physis« weniger dramatisch ist (Ostern weniger pathetisch) und Aristoteles weniger glaubhaft. Aber statt dessen gibt es in Brasilien eine dramatische Trennung zwischen Tag und Nacht, weil dort die Länge der Tage im Laufe des Jahres nicht derartig schwankt wie hier. Stellen wir uns also vor, daß in São Paulo die Sonne in einer bestimmten Nacht um drei Uhr früh aufginge, und zu merken wäre, daß sie eine halbe Stunde später wieder untergeht. Dieses Ereignis wäre, streng genommen, nicht unmöglich. Es wäre nur ein unendlichmal unwahrscheinlicheres Ereignis als der Einbruch der Meereswinde in die Alpentäler. Es wäre ein falscher Morgen, viel falscher als der falsche, hier beschriebene Frühling, noch viel weniger wahrscheinlich, aber von derselben Art. Was würde geschehen? Alle würden wir wahnsinnig werden, Menschen und Dinge. Zu behaupten, daß der Wahnsinn unvernünftig, primitiv ist und daß das Phänomen, wäre es besser beobachtet worden, perfekt erklärbar wäre, würde nichts nützen. Zum Beispiel, daß es durch das seltene, aber perfekt voraussehbare Eindringen des Sterns »Proxima Centauri« in unser Sonnensystem zustande kommt und daß es folglich um ein normales Phänomen geht, das die Kategorien der Astronomie bestätigt und nicht widerlegt. Wir würden trotz dieses Arguments alle wahnsinnig werden. Denn der Morgen bliebe weiter »falsch«, obwohl das Argument »wahr« wäre.

Im hypothetischen Fall des falschen Morgens in São Paulo, würde uns die Sprache der Sonne nicht aristotelische Kategorien auferlegen, sondern viel ältere. Urkategorien, wie es z. B.: »Ra« und »Aton«, »Marduk« und »Chemech« sind; Sonnenmythen. Weil die Sonne an diesem Paulistaner Morgen die mythischen Kategorien durchbrochen hat, würden wir wahnsinnig werden. Da aber der Wind bloß aristotelische Kategorien durchbrochen hat, sind wir nicht wahnsinnig, sind nur verwirrt worden. Folglich sind alle Kategorien (die mythischen, die aristotelischen, die der modernen Wissenschaft und andere), die unseren Blick auf die Dinge bestimmen, unsere Formen, die Dinge zu sehen. Historisch sind sie als Produkte der Dialektik zwischen Praxis und Ideologie erklärbar. Dennoch sind sie den Dingen aleatorisch auferlegt. Im Gegenteil, sie enthüllen bestimmte Schichten der Dinge; sind dabei seltsam aufschlußreich. Kategorien spiegeln »etwas« von den Dingen auf beiläufige Art. Dinge können alle Kategorien durchbrechen. Es kann einen falschen Morgen, einen falschen Frühling geben, und Steine können mit einer Geschwindigkeit fallen, die den Gravitationsgesetzen widerspricht. Kurz, alle Kategorien können von Dingen »verfälscht« werden. In einem solchen Fall werden wir entweder verwirrt, wahnsinnig, oder wir arbeiten einfach neue Kategorien aus, die auch wieder falsifiziert werden können. Unsere Reaktion auf die Falsifizierungen hängt von der Tiefe der Schichten in unserem Bewußtsein (und in den Dingen) ab, in denen sich die Kategorien befinden.

Wir leben also nicht in einer, sondern in zahlreichen Naturen. In der Natur, die von den Kategorien unserer Naturwissenschaften erfaßt wird. In der aristotelischen »Physis«, in der Natur voller Götter, in der von Gott erschaffenen Natur. Jede dieser Naturen ist dort, vor meinem Fenster, aber auch hier drinnen. Es greift »wirklich« eine in die andere ein. Und manchmal herrscht eine von ihnen vor, wie in diesem Moment die aristotelische »Physis« vorherrscht, weil sie in Form des falschen Frühlings ausgebrochen ist. Sie ist ausgebrochen, weil sie durchbrochen wurde. Und das ist keine »Erklärung« mehr, sondern eine konkret erlebte Aussage.

Wiesen

Wenn ich sie mir anschaue, diese aus den dichten, dunklen Wäldern ausgeschnittenen Lichtungen, inmitten des geheimnisvollen Schattens, denke ich nicht so sehr an Heidegger, der diese Wiesen gerühmt hat. Ich denke eher an die Beschreibung des Goldenen Zeitalters in Ovids Metamorphosen: »Sponte sua sine lege fidem rectumque colebat« (spontan, ohne Gesetz, pflegte man den Glauben und das Richtige). In seinem Kontext, im Gymnasium gelesen, beeindruckt der Vers durch die Schönheit seiner Musik, die Eleganz seiner Worte und durch den großartigen Rhythmus. Seine semantische Bedeutung scheint mit den letzten Worten des vorangehenden Verses verbunden zu sein: »quae vindice nullo« (ohne Anwesenheit von Richtern). Jeder, der eine »klassische Bildung« hat, muß diesen Vers tief in seinem Gedächtnis bewahrt haben, so daß es praktisch unmöglich ist, sich an ihn nicht zu erinnern.

In Gedanken an den Vers gewinnt, im Anblick der Wiese, jedes Wort eine Aura von Bedeutungen. Jedes Wort müßte analysiert werden. Das entscheidende Wort ist das letzte: »colebat«. Ich bezweifle, daß es heutzutage adäquat zu übersetzen ist. Wir haben die Erfahrung mit dem Verbum »colere« bis auf zwei davon abstammende Substantive, »Kultus« und »Kultur«, verloren. Wenn wir »colere« mit »kultivieren«, »anpflanzen« oder »auf etwas warten« übersetzen, bedeutet es, daß wir sein Klima nicht erfaßt haben. Zweifellos kommt das Klima aus der Agrikultur, es ist ästhetisch und religiös, aber es gibt in jenem Klima etwas, das uns entgeht. Wenn der Vers sagt, daß unsere großen mythischen Vorfahren »den Glauben und das Richtige« pflegten, dann bezieht er sich insbesondere auf das »Richtige«. Die Wiese kann uns aber »helfen«, es zu verstehen.

Wiese oder Feld heißt lateinisch »ager«. Da aber »ager« und »Aktion« Substantive des Verbums »agere« sind, sollte man vielleicht sagen, daß für die Römer Wiese und Feld ein »Feld der Aktion«, ein Schlachtfeld war. Eine Schlacht gegen welchen Feind? Gegen das eigene Feld. Die Absicht war, das Feld zu beherrschen. »Beherrschen«, um es dem Haus (domus) zu unterwerfen. Derjenige, der im Feld gegen das Feld kämpfte, war »dominus« (der Herr des Hauses). Ein »Mann« (vir), und er kämpfte »männlich« (virtus). Infolge dieser »Männlichkeit« (virtus) wurde das Feld dem Gebiet (imperium) des Hauses (domus) unterworfen, und mit dem sexuellen Akt (»actio«) wurde es fruchtbar (Agrikultur). Aber es wurde nicht sofort fruchtbar. Bevor geerntet (colere) werden konnte, hat man auf den Ertrag (natura) des Feldes warten müssen. Ein solches Warten und Hoffen des Herrn, vermöge seiner herrschaftlichen, gebieterischen Tugend (virtus), war der »Kultus«. Kurz, »colere« (Ernte) ist der geduldig erwartete Sieg dieser Tugend über die Natur und führt zur Kultur.

Die friedliche Wiese, die ich beobachte, die an den geheimnisvollen Wald grenzt, schwingt im Klima von »colere« (ernten). Sie ist friedlich, ist ein siegreiches Schlachtfeld, »Pax Romana«, ein Synonym von »Imperio Romano«. Pazifismus und Imperialismus waren ursprünglich vermengt. Die Wiese ist friedlich, weil sie seit langem unterworfen ist. Es ist intellektuell schwer vorstellbar, daß »Aktion« und »Passion«, Aktivität und Passivität, die beiden Aspekte ein und derselben Attitüde sind: der Attitüde, die die Natur zur Kultur macht. Intellektuell ist es schwer faßbar, aber wenn wir uns der Betrachtung einer Wiese hingeben, wird es leicht. Die Wiese strahlt die friedliche Synthese einer tausendjährigen Aktivität und Passivität aus.

Die Bergabhänge, mit Wiesen mitten in den Wäldern, müssen einst von dichten Wäldern bedeckt gewesen sein. Nicht immer. In der letzten Eiszeit waren die Bergabhänge teilweise von Gletschern, teilweise von der Tundra bedeckt. In der Tundra haben unsere Ahnen Rentiere und Pferde gejagt. Später, mit dem Zurücktreten der Gletscher, rückte der Wald mitleidlos vor, aber unsere Ahnen wichen nicht, obwohl sie durch das Verschwinden der Tiere aus der Tundra vom Hunger bedroht waren. Unsere Ahnen waren keine Tiere, sie waren Herren (»domini«), waren Männer, waren tugendhaft, tätig und geduldig, sie waren kultiviert. Sie wichen nicht, wie die Tiere in der Tundra, und adaptierten sich auch nicht an den vorrückenden Wald, wie sich heutige, im Wald lebende Arten adaptiert haben. Sie sind dem Wald stolz und aufrecht gegenübergetreten: »fidem rectumque colebat«. Nicht, weil sie gezwungen gewesen wären, sind sie dem Wald entgegengetreten: »sine lege«. Sie haben dem Wald die Stirn geboten, »sponte sua«, weil sie Menschen waren. Spontan, ihrer Natur gemäß. Es war infolgedessen ganz natürlich, daß sie im Wald Lichtungen rodeten, um den Wald zu beherrschen. Und es war natürlich, daß unsere Ahnen bestimmte Stellen im Wald wählten, um sie zu kultivieren, Wiesen aus ihnen zu machen. Wir wissen ungefähr, wie sie vorgegangen sind. Mit Stein und Feuer sind sie gegen den Wald vorgegangen. Schwerer, fast unvorstellbar, ist es nachzuempfinden, wie sie ihre Wahl für gewisse Lichtungen getroffen haben, während sie andere abgelehnt haben. Sie mußten dafür außerhalb des Kontextes stehen, ihn von außen sehen. Es ist schwierig, von so »primitiven« Menschen, wie wir uns unsere Ahnen vorstellen, eine solche Überlegenheit zu erwarten. Wir neigen dazu, sie mit heutigen Eingeborenen zu vergleichen, ohne wissen zu können, wie die Welt der Eingeborenen aussieht. So wie einst unsere Ahnen leben auch sie auf dem Niveau des Paleolithikums, und dabei beherrschen sie den Wald mit der gleichen Überlegenheit wie wir. Sie sind zweifellos kein Beispiel für das In-der-Welt-Sein unserer Ahnen. Sie müssen ein Leben im Verfall darstellen, ein Leben, das heute von der Mehrzahl der Menschheit überholt ist. Im Unterschied dazu standen unsere Ahnen an der Spitze der menschlichen Entwicklung. Sie rückten gegen die Natur vor. Sie haben für sich den Stein und das Feuer ge- und erfunden und haben sie ganz revolutionär angefertigt. Die Wiese als einen Ort für das Kultivieren zu wählen, war Resultat ihrer umstürzlerischen, utopischen und ehemals ganz unvorstellbaren Phantasie. Sie waren keine Primitiven, waren in ihrem Denken und Handeln nicht weniger raffiniert als heutige Menschen. Im Gegenteil, wenn man an ihre Vorstellungsgabe, ihre Disziplin und Präzision denkt (an die Erfindung von Pfeil und Bogen), muß man annehmen, daß ihre geistige Kapazität der Kapazität unserer Elite nicht nachgestanden ist.

Wir haben Beweise für Edisons in den Horden, die das Land urbar machten (Keramik, Steinmesser, Nadeln aus Knochen). Wir müssen annehmen, daß es Einsteins unter ihnen gegeben hat (die die Bahn des Pfeils kalkulieren konnten und das Prinzip des Keils). Wir haben Beweise für Begabungen wie Picasso (die Eleganz von Verzierungen), und wir müssen ihnen einen Kant zugestehen (mit der Kritik am Prinzip des Pfeils) und Kafka (Sinn hinter allem zu suchen). Wir müssen uns die Gespräche, die sie am Lagerfeuer auf den frisch kultivierten Wiesen führten, eher wie Zusammenkünfte zugunsten der Forschung und fortgeschrittener Spekulation vorstellen, als »potlachs« der heutigen Indianer auf den Aleuten. Wir werden sonst die Eleganz, die Perfektion und die gewagte Sanftheit der Wiesen auf den Abhängen der Berge nicht verstehen, die Ovid »fidem et rectum« nennt. Die Betrachtung der Wiesen wird uns auch Einblick in das religiöse Klima unserer Ahnen erlauben; und zwar in das, was Ovid sagen wollte: daß man im Goldenen Zeitalter »fidem colebat« (die Treue pflegte).

Ovids Ausdruck »rectum« (richtig) dürfte uns keine Schwierigkeiten bereiten, weil die Wiese beweist, daß sie an einer guten, richtigen und geeigneten Stelle liegt. Mit dem Kriterium der Richtigkeit, die, laut Ovid, von unseren Ahnen spontan eingehalten wurde, ist das ökonomische, technische, pragmatische, methodische Kriterium gemeint, mit dem unsere Ahnen das Jagen hinter sich ließen und anfingen, Agrikultur zu betreiben. Das Paleolithikum unterscheidet sich vom Neolithikum (das Goldene vom Silbernen Zeitalter) durch die angewandte Technik. (Obwohl Ovid nicht genau das im Sinn hatte. Weil »rectum« bei den Römern zum Trinomium »pulchre, bene, recte« – schön, gut, richtig – gehört und somit den Begriff der Wahrheit einschließt.) Wie dem auch sei, die Wiese bestätigt, daß die Kriterien für die Transformation der Natur in Kultur, der Ökonomie angepaßt waren. Die Wiesen werden, heute wie früher, ökonomisch bewirtschaftet, und der Bergbauer lebt von ihrem Ertrag heute ebenso gut wie unsere Ahnen damals.

Wir müssen jetzt feststellen, was Ovid mit »fides« gemeint hat. Wenn die Wiese befragt wird, gibt sie Antwort. Obwohl wir selbstverständlich wissen, daß sie ein Produkt der Kultur ist, in ihrer Gestalt und in den kleinsten Details die menschliche Hand und Geist entdecken, können wir nicht leugnen, daß sie auch ein Teil der Natur ist. Und noch mehr: Mit dem Erlebnis der Wiesen, mit ihrem Gras, ihren Blumen und Insekten, sogar mit den Kühen, die dort weiden, gewinnen wir möglicherweise den stärksten Eindruck von der Natur, den es gibt, und auf einer sonnigen Wiese zu liegen, gibt uns das Gefühl der Verbindung mit der Natur. Dieses Faktum ist nicht leicht erklärbar. Unzureichend ist zum Beispiel die Erklärung, daß die Wiese deshalb so intensiv das Klima der Natur ausstrahlt, weil sie vor Tausenden von Jahren erobert wurde und mit einem Industriestadtteil nicht vergleichbar ist, der ein Klima der Antinatur ausdünstet, weil er erst vor kurzem erobert wurde. Die Wiese ist auch mit dem alten Garten, der mein Landhaus umgibt und so alt wie die Wiese ist, nicht vergleichbar. Also weder das Alter der Wiese noch ihre Lage und ihre Flora und Fauna, auch nicht ihre Angehörigkeit zur Kultur, erklären unser großes Erlebnis. Die Erklärung liegt vielmehr in der Art, wie die Stelle gewählt wurde, wo aus dem Wald eine Wiese wurde, in dem, was Ovid »fides« nennt.

Unsere Ahnen waren Menschen, und »fides« war deshalb ihre Eigenschaft. Sie waren sich selbst, ihrer eigenen Art und ihrer Umgebung treu. Sie waren es spontan, ohne Dogma und ohne Ideologie (sine lege). Sie haben im Übereinkommen mit sich selbst und mit ihrer Welt (»das Goldene Zeitalter«) gelebt. Das war ihre Religiosität (fides). Mit dieser Treue ist keine »primitive Anbetung der Natur« gemeint und auch keine eine (heilige) Scheu gegenüber den Naturkräften (»Superstitio«). Das Richtige (rectum) für den Menschen ist, gegen die Natur vorzugehen, die Natur, die nicht ist, wie sie sein soll, zu korrigieren. Infolgedessen ist »fidem rectumque« kein Gegensatz, sondern eine Ergänzung. »Fides« ist der leidenschaftliche, geduldige und passive Aspekt, »rectum« der dramatische und tatkräftige Aspekt des Menschen, der die Natur in Kultur verwandelt. Die Wiese ist eine derart intensive Natur, weil sie die Treue zur Natur darstellt. Unsere Ahnen haben durch die Verwandlung von Wald in Wiese die Essenz der Natur erreicht und sie betont. Sie blieben der Wiese treu. Die Wiese als Kultur (und nicht im Gegensatz zur Kultur) ist die Essenz der Natur. Sie ist unter dem Kriterium von »fides« und echter Religiosität entstanden.

Unsere Ahnen waren keine Landschaftsgestalter. Sie beabsichtigten nicht, Kultur in die Natur zu integrieren. Sie empfanden keinen Unterschied zwischen Kultur und Natur. Aus ihrem Glauben heraus und mit ihrer Technologie haben sie Kultur geschaffen und dadurch die Essenz der Natur enthüllt. Sie waren keine der Natur entfremdeten Landschaftsgestalter, die sich bemüht hätten, die Entfremdung durch eine entschlossene Handlung aufzuheben. Für sie war Kultur das Natürliche des Menschen und infolgedessen zur ganzen Natur gehörend. Wir entfremdeten Nachkommen können etwas von ihrer Integration aufnehmen, die charakteristisch ist für das Goldene Zeitalter, wenn wir uns in die Wiese legen, die vor Tausenden von Jahren von ihnen erschaffen wurde. Die Wiese erlaubt es uns auch (so wie sie es Ovid erlaubte), die Bedeutung eines Schlüsselverses des Epos zu erfassen: »Aurea prima sata est aetas quae vindice nullo.« Am Anfang war das Goldene Zeitalter gesät, und es gab keine Richter.

Stürme

Der Sturm jagt an manchen Nächten um mein Haus, verzweifelt, es nicht niederreißen zu können oder zumindest nicht durch ein Fenster oder eine halbgeschlossene Tür ins Haus eindringen zu können. In solchen Nächten verwandelt sich mein Haus in eine unbezwingbare Festung, die den Elementen trotzt, von denen ehemals in der Literatur die Rede war. Ich fühle mich tatsächlich beschützt, mit mir selbst und mit der Welt in Frieden, während der Sturm die Grundmauern des Gebäudes einzustürzen versucht. Ich weiß, daß es ihm nicht gelingen wird, im Unterschied zu Dieben und der Geheimpolizei. Ich habe Vertrauen in die Solidität des Baus (vertraue der Kultur) angesichts der enormen, blinden Kraft der Naturelemente. Auf den Schutz meines Hauses vertraue ich aber nicht, wenn es darum geht, schwächeren, aber direkten Kräften Widerstand zu leisten, wie es zum Beispiel die der Kultur sind. Mein Haus wird weder der Polizei noch Dieben und viel weniger noch Bomben widerstehen. Auch nicht dem Befehl der Präfektur, die es abreißen lassen will. Der Unterschied zwischen dem Sturm und der Polizei kann aber nicht im Unterschied zwischen der Blindheit des Sturms und einer geplanten Aktion liegen. Obwohl der Sturm blind ist, war er von der meteorologischen Berichterstattung vorausgesehen, was ihn berechenbar macht. Der Polizeieingriff kommt aber überraschend. Polizei, Diebe und Bomben gehorchen zum Teil geheimen, wenig bekannten, zum Teil auch widerspruchsvollen Befehlen und sind deshalb nicht zu manipulieren. Die Präfektur, die die von der Öffentlichkeit angeblich erteilten Befehle ausführt und mir angeblich erlaubt, mich ihren Befehlen anzupassen und auf sie Einfluß zu nehmen, ist in Wirklichkeit eine Macht, gegen die jeder Schutz wirkungslos ist.

Die Kraft des Windes kann berechnet werden, aber wann die Polizei eingreift, an welchem Tag und mit welcher Gewalt, ist nicht vorauszusehen. Die Kulturwissenschaften haben die Genauigkeit der Naturwissenschaften noch nicht erreicht und werden sie vielleicht nie erreichen. Aus dem Schrecken, den ehemals ein Sturm verursacht hat, wurde der panische Schrekken vor der Bombe. Dieser Schrecken ist profan. Der heilige Schrecken ist infolge der Solidität des Hauses überholt worden.

Es ist nicht zu leugnen, daß der Sturm etwas Heiliges an sich hat. Wenn er um mein Haus rast, kann ich (vom Haus geschützt) schwach die Furcht vor einer schlimmen Botschaft nacherleben, die das Heulen des Sturmes provoziert hat. Mit Vrchlickýs Worten: »Sein beständiges Lied, groß ist Allah« (Jeho pisen stala, veliky jest Ala). Vrchlický bezieht sich wahrscheinlich auf die Tatsache, daß der Sturm unsichtbar ist. Ich weiß, daß der Sturm ein Ding ist, er kann gemessen, gewogen und im Raum lokalisiert werden. Der Sturm ist aber unsichtbar und verwirrt dadurch unseren Begriff von der »Wirklichkeit«, die gesehen, nicht gehört wird. Er verwirrt zum Beispiel die Ordnung unseres Denkens, das von der Syntax unserer Sprachen geprägt ist. Wenn es um sichtbare Dinge geht, ist die Ordnung ganz genau. Im Satz »Die Sonne scheint« gibt es keinen Zweifel, daß »Sonne« das Subjekt und »scheint« das Prädikat ist. Dagegen kann der Satz »Der Sturm rast« umgekehrt werden, das »Rasen« Subjekt sein und »stürmen« Prädikat. Der »Sturm« ist wesentlich ein akustisches Phänomen (eine Lautwelle). Die Sonne sendet Wellen und ist infolgedessen ein Substantiv. Stürmen ist ein Verbum in Form eines Substantivs. Der Sturm ist, streng genommen, unvoraussehbar, und zu sagen, daß der Sturm rast, ist eine Tautologie.

In der Natur gibt es Dinge, die sichtbar sind, aber nicht hörbar: Sonne, Sterne, Mond. Kurz, Dinge am Himmel sind nicht zu hören, sind weit von uns entfernt und nicht zu erreichen. Die sichtbare Welt umgibt uns, an der gehörten Welt nehmen wir teil. Die Dinge der Natur, die hörbar, aber unsichtbar sind wie der Sturm und die Brise, dringen in unsere Nasenlöcher, unseren Mund und unsere Poren ein. Es sind Dinge in Form von Verben, nicht »Substantive«. Es sind Stimmen, die uns rufen. Sie kommen unseren Stimmen entgegen und können unvergleichlich stärker sein als unsere Stimmen (so wie z. B. der Sturm, der um das Haus rast). Die Ähnlichkeit mit unseren Stimmen ist ihnen wesentlich. Da diese Dinge in uns eindringen und uns dem Wesen nach ähneln, stehen sie uns zu nah, um »beobachtet« zu werden. Sie sind indessen nicht nur unsichtbar, sondern auch unvorstellbar. Unsere Beziehung zu diesen Dingen ist dialogisch, nicht vorstellbar. Es gibt zwei Einschränkungen der Natur, zwei »Arten des Heiligen«; die Einschränkung der sichtbaren, aber unhörbaren Dinge und die Einschränkung der hörbaren, aber unsichtbaren Dinge. Die erste ist »Substantiv« und ist heilig, weil sie unnahbar ist. Die zweite ist »verbal« und ist heilig, weil sie unvorstellbar ist. Die erste kann »geisterhaft« genannt werden, wenn wir unter »Geist« eine geräuschlose Erscheinung verstehen, die zweite »geistig«, wenn wir mit »Geist« einen unvorstellbaren Hauch meinen.

Beide Arten des »Heiligen« sind technisch überwunden, und in diesem Sinn hat die Menschheit die Einschränkungen der Natur hinter sich gelassen. Der Mond, eines der sichtbaren, aber unhörbaren Dinge, wurde sozusagen »erobert«; aus der Göttin wurde eine Plattform. Und Winde treiben seit langem Mühlen und Segel an. Aus Geistern, die nach Belieben blasen, wurden Kräfte, die nach unserem Willen blasen. Beide »Arten des Heiligen« sind theoretisch von einer profanisierenden Synthese überholt. Der »Sturm« verwandelt sich in »Energie«, die »Sonne« in »Materie«, und der eine wird der theoretisch umgekehrte Aspekt des anderen. Wir haben förmlich die Sprache der Mathematik erfunden, die weder Substantive noch Verben kennt, nur Beziehungen. Und diese Funktionen funktionieren, zum Beispiel in Form der Bombe.

Mit der theoretischen Synthese, die in der Praxis funktioniert, haben wir beide Arten des Heiligen entweiht: Die »Geister« wurden zu Geist, der Geist zu »Geistern«, und unser Schrecken ist von jetzt an profan. Gleichungen flößen uns von jetzt an Schrecken ein, und wir leben von jetzt an unter dem »Äquilibrium des Schreckens«.

Technisch und theoretisch sind beide Arten des »Heiligen« überwunden; existentiell aber nicht. In gewissen Nächten, wenn der Sturm wie eine verzweifelte Furie um mein Haus rast, erheische ich noch die Stimme des »Heiligen«, trotz der Solidität des Baus und trotz der theoretischen Informationen, die mir zur Verfügung stehen. Gewiß, die Solidität des Hauses und die Information, über die ich verfüge, beeinflussen zweifellos die Botschaft des Sturmes. Zerstören können sie sie aber nicht. Sie mischen sich auf folgende Weise ein: Ich bin Produkt zweier entgegengesetzter Traditionen, die nie eine zufriedenstellende Synthese erreichen: der Tradition der Stimme und der Tradition des Bildes, der Tradition des Gebots und der Tradition der Idee, des Verbums und des Substantivs, der existentiellen Entscheidung und der spekulativen Metaphysik. Wenn ich sagte, daß die Tradition des Unsichtbaren die jüdische ist und die des Unhörbaren die griechische, hätte ich das Dilemma nicht vereinfacht. Denn das Dilemma von Stimme und Bild ist viel älter als die beiden Kulturen meiner Tradition. Schon in der jüdischen Kultur gibt es Bildelemente, obwohl sich die Propheten bemüht haben, sie zu vertreiben, und in der griechischen Kultur gibt es trotz allem dialogische Elemente. Das Dilemma zwischen dem »Sturm« und dem »himmlischen Ding« ist nicht das Dilemma zwischen »olam haba« und »topos uranios« (zwischen der kommenden Welt und dem himmlischen Ort), sondern es ist ein weiter zurückliegendes Dilemma, zwischen dem Hiersein dessen, der hört, und dessen, der sieht, zwischen dem, der berufen ist, und dem, der sich entscheidet, dem, der den Schleier hebt, und dem, der betrachtet. Ein solches Dilemma ist nicht zu überbrücken, denn nur eine der Alternativen anzunehmen hieße, die Hälfte seiner selbst zu amputieren. Das wirkt in der Botschaft des Sturms, der um mein Haus rast, mit.

Aber der Sturm kann mein Haus nicht zerstören. Er heult, er spricht zu mir. Folglich ist es kein Ding. Dinge sprechen nicht. Der Sturm ist nicht etwas; er ist jemand, dem ich Antwort schulde, er ist ein Du, der mich mahnt, Ich zu sein. Als Du ist der Sturm unvorstellbar, unbegreiflich, nicht erkannt und nicht manipulierbar. Er soll gehört, empfangen, anerkannt und befolgt werden. Wenn der Sturm vorgestellt, begriffen, erkannt und manipuliert wird, wie es in der Technik und der Theorie der Fall ist, hört er auf, Sturm zu sein, und wird zur Bewegung der Luft, wird »objektiviert«. Der Sturm ist aber kein Ding; er ist mein anderer. Er ist nicht, er existiert. Deshalb sagt Buber: »Es gibt keinen Gott: Ich glaube an ihn.« Und Angelus Silesius: »Ich weiß, daß ohne mich Gott nicht ein Nu kann leben.« Der Sturm ist Sturm für mich, wenn ich ihm erlaube, Sturm zu sein. Sollte ich es nicht erlauben, wird er eine Bewegung der Luft. Wird zu einem Problem der Aerodynamik, das zu einem gewissen Grad schon gelöst wurde. Wenn ich ihm erlaube, Sturm zu sein, wird er zu einem Rätsel. Wenn ich ihm nicht erlaube, Sturm zu sein, wird er die Stimme verlieren und wird zu einer in Dezibel meßbaren Vibration der Luft. Wird verstummen. Jetzt aber, in dieser Nacht, wenn er als verzweifelte Furie um mein Haus rast, spricht der Sturm, weil ich bereit bin, ihn anzuhören. Deshalb ist das Gebet »Shema'Israel JHVH elohenu JHVHW ekhad« (Höre, Kämpfer für Gott, JHVH ist unser Gott, es gibt nur einen JHVH) Gebet und keine Behauptung. »Höre!« sagt es. Der Sturm, der als verzweifelte Furie um mein Haus rast, befiehlt. Die Botschaft erreicht mich in einer Nacht wie dieser.

Gewiß, infolge der verschiedenen Interferenzen erreicht mich die Botschaft nicht in ihrer »orthodoxen« Form. Weder Juden noch Christen und Muslime, die von sich behaupten, die Botschaft orthodox erhalten zu haben, werden zugeben können, daß die Botschaft, die mich erreicht, die wahre ist. Sie werden behaupten, daß die Stimme des Sturmes, der um mein Haus jagt, nicht die wahre Stimme ist, werden behaupten, daß ich abergläubisch bin und deswegen der Stimme vertraue. Aber ein Dialog mit den Orthodoxen ist schwierig für mich. Ich höre nicht die Stimmen, die sie behaupten zu hören, und muß zugeben, daß ich zwar nicht ihren Aussagen, aber diesen Stimmen mißtraue. Ich zweifle, daß theoretische und technische Einmischungen in dem Maße ausgeschieden werden können, daß diese Stimmen zum Sprechen kommen. Ich habe den Verdacht, daß die Orthodoxen den Einmischungen Gewalt antun, um hören zu können, und daß infolgedessen das, was sie hören, falsch ist. Ich bestehe nicht auf einer solchen Vermutung und bin geneigt, leicht neidisch hypothetisch zuzugeben, daß sie etwas hören, was ich nicht höre. Und was mich anbetrifft, muß ich mich mit dem Rätsel begnügen, das ich im heulenden Sturm höre, der um mein Haus rast. Wer weiß, ob es bei ihnen und bei mir nicht um das gleiche Rätsel geht, das entziffert werden soll, aber nicht zu entziffern ist?

Der Wind rast in dieser Nacht um mein Haus. Ich fühle mich geborgen, weil ich weiß, daß er im Unterschied zu unheilvollen Kräften der Kultur nicht ins Haus dringen kann. Ich versuche, dem Sturm zur gleichen Zeit zu erlauben, daß er zu mir spricht, damit er in mich dringt, ohne mich zu durchdringen. Das ist die Dialektik zwischen dem Wissen, das sich vor dem Objektivierten verschließt, und dem Anerkennen des anderen öffnet. Eine unhaltbare Situation. Eine Situation, die für das Ende eines Spiels oder für den Anfang eines neuen Spiels charakteristisch ist. Der Verlust des Wissens vom Glauben und Verlust des Glaubens an das Wissen. Eine Situation, in der das Sichtbare unsichtbar und das Hörbare unhörbar wird, trotz der vielen Gespräche über das »Audiovisuelle«. Der Sturm muß ganz stark heulen, damit ich ihn ganz schwach noch höre. Ich weiß aber, daß der Sturm, der um mein Haus rast, objektiv die Bewegung eines Gases ist, und ich weiß, daß das Wort »Gas« die gleiche etymologische Wurzel hat wie das Wort »Chaos«. Ich weiß infolgedessen, daß das, was um mein Haus rast, objektiv gesagt, bodenlos ist, obwohl es meteorologisch voraussehbar und strengen Regeln unterworfen ist. Ein solches Wissen von der Bodenlosigkeit unter den Gesetzen der Natur ist fast schon Anerkennung. Es ist eine Art, den »Glauben« an das Wissen durch das Wissen selbst zu verlieren. Gewiß, es ist kein Wiedergewinnen des »Glaubens«, wie ihn die Orthodoxen verstehen, nichtsdestoweniger geht es um eine Öffnung. Weil das Chaos, von dem der Sturm zu mir spricht, nicht die Brownsche Bewegung im Gas ist. Es ist das heulende »Chaos«. So interpretiere ich die Botschaft: »And this is all the wisdom I can reap: I came like water, and like wind I go.«

Wunder

Ich weiß, daß einer der traditionellen »Beweise« für die Existenz Gottes die Enthüllung bestimmter Absichten in der Natur ist, folglich ein schöpferischer Entschluß. Ich erinnere mich nicht, wann ich das erste Mal einem solchen Argument ausgesetzt war. Zweifellos aber war es während eines Spaziergangs, und es muß wohl unser Kindermädchen gewesen sein, das, während es auf eine wunderbare Blume oder auf eine wunderbare Farbe eines Vogels zeigte, mich im zarten Alter in die Metaphysik und Theologie eingeweiht hat. Es muß das Kindermädchen gewesen sein und nicht meine Mutter, weil Kindermädchen mehr zur Romantik neigen als Mütter. Ich kann mich gar nicht erinnern, wie oft und wie verschiedenartig mir das gleiche Argument zugunsten Gottes, dem Schöpfer der Welt, wiederholt wurde. Es muß sehr häufig gewesen sein und jedes Mal auf verwickeltere Weise. Ich erinnere mich aber ganz genau an den Tag, als ich das erste Mal die Falschheit dieses »Beweises« erlebte. Ich muß acht Jahre alt gewesen sein, als mich mein Onkel zum Fischen mitnahm. Er zeigte mir, wie Regenwürmer auf den Angelhaken aufgefädelt werden, und durch das konkrete Erleben des Regenwurms in meiner Hand verflüchtigte sich definitiv die Ideologie von Gott, dem Schöpfer. Es muß ein starkes Erlebnis, ein Gemisch aus Ekel, Mitleid und Schuldbewußtsein gewesen sein, was aber gewiß vorherrschte, war der Eindruck der brutalen Dummheit eines vermeintlichen Schöpfers von Regenwürmern, Fischen und Fischern. Rückblickend ist schwer zu beurteilen, was damals in mir vorgegangen ist, doch erinnere ich mich ganz genau, daß ich aus Mitleid mit Gott aufgehört habe, an Gott, den Schöpfer, zu glauben, als ob ich intuitiv verstanden hätte, daß die Hypothese des Gott-Schöpfers im Gegensatz zum Gott der Liebe und der Hoffnung steht. Intuitiv muß ich verstanden haben, daß der Gott, der für den Tod des Regenwurms verantwortlich ist, nicht der Gott sein kann, zu dem ich jeden Abend für »alle Erwachsenen und alle Kinder« gebetet habe. Ich verfälsche zweifellos das Erlebnis des Kindes, wenn ich behaupte, mich damals für den »existentiellen Gott gegen den Gott der Philosophen« entschlossen zu haben, doch fallen mir diese Worte ein, um das damalige Erlebnis auszudrücken.

Ich weiß nicht, wie weit die beschriebene Erfahrung typisch ist, nehme aber an, daß es bei achtjährigen Kindern keine Originalität gibt. Sollte es also typisch für das Alter sein, den »Beweis« für die Existenz Gottes nach der Beobachtung der Natur abzuweisen, dann entstehen verschiedene Fragen, die in drei Gruppen eingeteilt werden können: in soziologische, theologische und epistemologische. Die soziologischen Fragen lauten: Wie, warum und wann ist die Hypothese des Gott-Schöpfers entstanden? Wie konnte diese Hypothese der Kritik von seiten der mehr als Achtjährigen widerstehen, und wie kann sie trotz ihres ideologischen Charakters für Kinder von acht Jahren formuliert werden? Die theologischen Fragen wenden sich dem Glauben zu, der dem toten Gewicht des Dogmas vom Gott-Schöpfer widersteht, und wie dieses Dogma von der »dialogischen« Religiosität absorbiert wird. Warum das Dogma trotz der moralisch, wissenschaftlich und philosophisch unüberbrückbaren Schwierigkeiten erhalten bleiben soll. Jetzt, während ich von meiner sonnigen Terrasse das Wunder der Natur betrachte, interessieren die epistemologischen Fragen. Warum habe ich mich jetzt, bei der Betrachtung dieses Wunders, an den »Beweis« Gottes, des Schöpfers der Natur, erinnert?

Die Szene, die ich betrachte (eine winterliche Landschaft, die, von der Frühjahrssonne beschienen, zögernd aufwacht), ist von verschiedenen »erklärenden« und »interpretierenden« Schichten meiner Kultur, von meinen Vorurteilen, verdeckt.

Um die Landschaft unmittelbar zu sehen, müssen diese Schichten entfernt oder durchbohrt werden, transparent werden. Das ist eine vergebliche Aufgabe, weil sich nämlich meine Kultur, mein eigenes In-der-Welt-Sein zwischen mich und die Szene schiebt. Selbst die unmittelbare Kommunikation, die »unio mystica«, nach der wir in der Kontemplation streben, ist eine hoffnungslose Aufgabe, weil sie selbst schon ein Vorurteil meiner Kultur ist. Es gibt Methoden und Techniken, zum Beispiel die »phänomenologische Reduktion« oder Yoga-Übungen, die alle behaupten, diese unvermittelte Kommunikation herstellen zu können, doch machen sie uns durch ihr eigenes technisches Vorgehen mißtrauisch. Es scheint ein Widerspruch zu sein, den unmittelbaren Kontakt mit Hilfe von irgend etwas herstellen zu wollen. Die Spontaneität zu wollen. Der Mystizismus hat etwas Empirisches, Pragmatisches an sich, das ihm einen bitteren Beigeschmack gibt. Trotzdem sollte man auf Erklärungen und Interpretationen beim Sehen nicht unbedingt verzichten; sie führen zwar zu keiner direkten Kommunikation, können aber Vorurteile abschaffen. Die Besinnung auf erklärende und interpretierende Diskurse kann kritisch, muß nicht diskursiv sein.

Die Schichten, die die von mir betrachtete Szene verdekken, sind meine eigenen Projektionen auf die Szene, und ich bin wiederum von der Geschichte meiner Kultur programmiert. Es ist wirksam, die Schichten, die die Szene bedecken, zu kritisieren, um mir meiner eigenen Programmiertheit bewußt zu werden. In diesen Schichten erkenne ich mich, und mehr noch, ich selbst bilde diese Schichten. Damit der Anblick auf die Szene von den verschiedenen Schichten befreit wird und die Szene sie selbst wird, muß ich mich zurückziehen, und dadurch stelle ich fest, daß ich ein historisch programmiertes System zum Erfassen der Szene bin. Das erste, was die Kontemplation ergibt, ist die Feststellung, daß die Beobachtung der Natur eine Kritik der Kulturgeschichte ist.

Unter den Schichten kann ich deutlich die drei bekannten

Typen unterscheiden: die ästhetischen, die ethischen und die erklärenden. Dank des ersten Typus erlebe ich die betrachtete Szene hyperrealistisch, expressionistisch und impressionistisch, naturalistisch und romantisch usw. Mein konkretes Erleben der betrachteten Szene wiederholt, selbstverständlich nicht ganz »korrekt«, die Philogenese der Kunst. Ich begehe Anachronismen, bewege mich in früheren Zeiten. Jetzt zum Beispiel erlebe ich die Szene »klassisch« und staune sofort: Warum ähnelt die Szene, die ich betrachte, Szenen aus dem achtzehnten Jahrhundert?

Die ethischen Schichten provozieren mich zum Engagement für oder gegen sie. Im Fall dieser Schichten ist es nicht so leicht, die Schichtung zu entdecken wie bei den ästhetischen Schichten, wahrscheinlich weil die »praktische Vernunft« voller Rückfälle und Widersprüche ist. Doch kann ich mit Sicherheit drei grundlegende Formen, drei »Modelle des Betragens« unterscheiden. Im ersten Fall ist die betrachtete Szene nicht so, wie sie zu sein hat, und ich muß sie ändern. Im zweiten fordert sie mich auf, mich ihr zu ergeben; und im dritten Fall wird sie zur bloßen Kulisse auf der Bühne meines Handelns. Die Tatsache, daß ich mich an den Regenwurm erinnert habe, zeigt zweifellos, daß ich das erste Modell gewählt habe. Die Szene ist grausam, empörend, mein Zorn ganz berechtigt, und ich wünsche sie »remodelled it nearer to the heart's desire«. Zugleich weiß ich, daß eine solche revolutionäre Attitüde zu meinem Programm gehört. Und das ist das zweite Motiv zu meiner Verwunderung: Warum bin ich heute aufgebracht, wo ich doch gestern alles friedlich hingenommen habe?

Die Erinnerung an die Regenwürmer provoziert bei der Betrachtung der Szene hauptsächlich die Kritik der erklärenden Schichten. Obwohl diese Schichten scheinbar aufeinanderliegen, annullieren sie einander nicht. Und das ist der dritte und allerwichtigste Grund für meine Verwunderung. Zweifellos sind die erklärenden Schichten »fortschrittlich«, so daß die letzte »besser« erklärt als die älteren. Besser, weil sie die älteren dialektisch zusammenfaßt. Darin unterscheiden sich die erklärenden Schichten strukturell von den anderen. Es wäre zum Beispiel unsinnig zu sagen, daß die hyperrealistische Schicht die Szene besser zu erleben erlaubt als die klassische oder daß das revolutionäre Modell besser auf die Szene wirkt als das neutrale. Dagegen ist es sinnvoll zu behaupten, daß Jacques Monods Erklärung des Ursprungs des Lebens viel »besser« ist als die Darwins, für den Gott »der Schöpfer des Lebens« ist. Wenn es so ist, warum verschwinden dann die vorhergehenden erklärenden Schichten nicht, und warum verdecken sie immer weiter die Szene? Die Erinnerung an den Regenwurm hat tatsächlich folgende Frage hervorgerufen: Da ich das Leben um mich herum viel besser erklären kann, warum verwirrt die Erklärung mit dem Begriff »Gott« immer noch meinen Blick auf die Szene?

Ich glaube die Antwort auf diese Frage zu kennen, doch sie gefällt mir nicht. Den Ursprung des Lebens erklärt Jacques Monod selbstverständlich »formal« als Spiel. Er spricht sogar vom »Evolutionsspiel der RNA« und verweist auf die Regel der Ergänzung und auf die Regel der Mitwirkung. Laut diesen Regeln wird das Leben zu einem »notwendigen« Prozeß, in dem seltsamen Sinn, daß der Zufall nötig wird. Das Leben wird nicht nur erklärbar, es wird dieser These zufolge wiederherstellbar. Derjenige, der das Spiel kennt, kann Leben schaffen und Leben sogar entwickeln. Hierin zeigt sich der Fortschritt der erklärenden Schichten. Die letzteren sind formaler, mehr »Spiele« als die vorausgehenden, und sie sind deshalb »besser«. Die vorausgehenden sind »schlechter«, weil der Satz »Gott hat das Leben geschaffen« nichts erklärt, keine Spielregeln angibt. Deswegen können die vorausgehenden Schichten nicht entfernt werden. Da es keine Regeln gibt, verdecken sie die Szene besser. Da sie nicht »gut« erklären, funktionieren sie besser als verdeckende Schichten. Und da sie besser verdekken, bringen sie die Szene ans Licht. Nach Monods Erklärung verschwindet die Szene fast: Ich sehe das Leben nicht mehr, sondern sehe bloß das leere Spiel. Damit ich sehe, brauche ich eine dichte Vermittlung, wie zum Beispiel Gott. Wenn ich den Begriff Gott »verfeinere«, sehe ich die Szene nicht mehr.

Das gefällt mir gar nicht. Brauche ich also Gott als Schöpfer der Welt, um die Welt zu sehen, obwohl ich weiß, daß er eine miserable Erklärung der Welt ist? Obwohl ich weiß, daß ich ihn nicht lieben könnte, sollte ich ihn als Gott-Schöpfer annehmen. Ich brauche Gott, damit die Welt nicht in leere und durchsichtige Formen verdunstet, und dabei weiß ich, daß die »nicht-verdunstete Welt« nur ein scheinbarer Kontext ist aus aufgespießten Regenwürmern. Stärker noch, ich brauche Gott nicht nur, sondern ich kann mich von ihm auch nicht befreien. Das gefällt mir nicht, und mein Mißfallen ist der Gipfel der Pracht. Die Welt ist prachtvoll, weil sie verschwindet, wenn ich sie »entdecke«, und ist schrecklich, wenn sie verdeckt bleibt. Schließlich und endlich habe ich in keinem Fall eine wirkliche Wahl; ich brauche beide. Den »Formalismus« wie auch das »wormlike feeling«. Ich muß den Begriff Gott sowohl »verfeinern« als auch, trotz aller fortschrittlichen Erklärungen, die mir zur Verfügung stehen, an Gott glauben.

Ich weiß sehr gut, daß die analysierte Natur keinen göttlichen Entwurf enthüllen wird, sondern das Spiel zwischen Zufall und Notwendigkeit. Ich fühle auch, daß, sollte ich eine Absicht in der Natur entdecken, diese Absicht nicht göttlich, sondern teuflisch sein wird, und ich weiß zugleich, daß die Natur vor meinen Augen verschwinden würde, wenn ich mich vom Demiurgen befreite (was ich nicht kann). Auf diese total verwirrte, epistemologische, ethische und ästhetische Weise trete ich der Natur entgegen und versuche den Abgrund, der uns trennt, zu überholen. Ist das nicht wunderbar? Ja, die Natur ist wunderbar: Sie besteht aus aufgespießten Regenwürmern, in denen ich den Schöpfer bewundere, der nichts als eine Projektion einer verblödeten Dialektik zwischen Zufall und Notwendigkeit ist.

Knospen

Seit gestern haben sich die Äste der Apfelbäume unter meiner Terrasse verändert. Als ich sie das letzte Mal sah, schienen sie Elemente einer leeren Struktur zu sein, grau, blank, glänzend, wie es sich gehört. Tatsächlich hatte ich gestern vom Obstgarten, der mein Haus umgibt, einen strukturellen »formalen« Eindruck, im radikalen Sinn des Wortes. Ich sah eine Anordnung von Strukturen in Form von Bäumen. Diese »Bäume« waren gewiß komplexe Strukturen. Nicht nur, daß die Äste vom Stamm aus in geometrischer Ordnung wuchsen und sich dann einige Mal hierarchisch verzweigten, sondern es gab in dieser Ordnung auch ein störendes Element. Die Äste waren gewunden, schienen sich an verschiedenen Stellen zu kreuzen, und manche Äste waren stärker als andere, was sie nicht hinderte, Modelle für eine Struktur zu sein. Im Gegenteil, als komplexe Strukturen waren sie für mehr Inhalt geeignet. Mein Blick auf die Apfelbäume projizierte in sie Diverses. Dieser Apfelbaum gab zum Beispiel die Struktur der Entwicklung des Lebens wieder, der andere Baum die Genealogie flexionierender Sprachen, und der dritte enthüllte die Struktur der Naturwissenschaften. Dieser Ast repräsentierte den Ast der Wirbeltiere, der andere den Ast lateinischer Sprachen und der dritte den der anorganischen Chemie. Dieser Apfelbaum hier war für Darwin nicht geeignet, weil seine Äste eine Art horizontaler Krone bilden, dafür war er für die Genealogie der Habsburger passend. Und dieser Apfelbaum dort war für die linguistische Genealogie geeignet, weil sich seine Äste zuerst kreuzten, um sich dann wieder zu trennen, und der Stamm aus mehreren kleinen Stämmen zusammengesetzt war.

Jetzt ist ein solches Spiel mit der Phantasie nicht mehr möglich. Es hat in der Nacht geregnet, und als ich heute das Fenster öffnete, sah ich, daß sich die Äste des Apfelbaums verändert haben. Sie sind voller Knospen, von denen (obwohl ich es nicht sehe) ich weiß, daß sie zu weißen und rosa Blüten werden. Derweil sind es noch ganz bescheidene Knospen, kleine, kaum sichtbare Störungen auf der glatten Oberfläche der Äste. Eine Art Hautkrankheit der Apfelbäume. Ich weiß aber, daß diese Krankheit Symptom der Gesundheit ist. Die Apfelbäume sind während der Nacht zu ihrem Schicksal erwacht. Das in ihnen »Virtuelle« (die Blüte) ist ausgebrochen, wurde sichtbar und ist dadurch, daß das »Notwendige« in der Nacht hinzukam, »wirklich« geworden. In der Nacht hat sich in den Apfelbäumen das Wunder der Verklärung ereignet. Es kam zum ontologischen Sprung des bloß Möglichen zum effektiv Wirklichen. Die Zukunft wurde Gegenwart. Gestern war die Blüte noch in der Zukunft der Apfelbäume, und heute ist die Blüte da. In der Nacht ertönte für die Apfelbäume die Trompete, und alle sind jetzt verwandelt. Wegen dieser ontologischen Revolution kann ich sie nicht mehr als Strukturen sehen. Von jetzt ab werden sie sich ihrem Schicksal gemäß in Richtung Blüte und Frucht bewegen. Ihr struktureller Aspekt wurde nicht beseitigt, sondern »aufgehoben«. Die Strukturen stützen jetzt einen Prozeß mit einem bestimmten Ziel. Äpfel, und nicht die Habsburger oder die Genealogie der Sprachen, sind von jetzt an der »Inhalt« der Struktur der Apfelbäume. Ein solches Wunder (jeder ontologische Sprung, jede Revolution ist doch ein Wunder) ist der »Frühling«. Daß er sich jährlich wiederholt und daß »kyklos geneseos« ein Zyklus ist, hat keine Bedeutung, außer daß etwas Neues, eine neue Generation entsteht. Die Form der Generation, d. h. der revolutionäre Prozeß, legt sich auf den Zyklus, auf die Form der Wiederholung, und das ist das Wunder. Die ewige Rückkehr als Wille zur Macht, die alljährliche Knospe als Revolution, Nietzsche und Marx als Zwillingsbrüder. Das ist meine Lesart der Apfelbäume.

Beim Anblick meines Obstgartens gewinne ich keinen strukturellen Anblick mehr, sondern einen tragischen: Ich sehe das Schicksal. Deshalb sprach ich vom »Lesen« der Apfelbäume. In ihnen ist eingeschrieben (»maqtub«), daß sie Blüten und Früchte tragen werden. »So mußt du sein, dir kannst du nicht entgehen.« Ich sehe keine Strukturen mehr, ich sehe Ödipus in meinem Obstgarten. Beim Anblick der Knospen verstehe ich, warum Ödipus beim Versuch, seinem Schicksal zu entfliehen, in Wirklichkeit sein Schicksal erfüllte. Seinen Vater zu töten, mit der Mutter zu schlafen und sich die Augen auszustechen ist für Ödipus ebenso fatal, wie für die Apfelbäume in Knospen auszubrechen, zu blühen und Früchte zu tragen, Blätter zu verlieren und zu einer Struktur zu kristallisieren. Hätte Ödipus verhüten wollen, den Vater zu töten, wäre es, wie wenn die Apfelbäume verhüten wollten zu blühen. Hätte er den Vater nicht getötet, gäbe es keinen Ödipus, und wären die Knospen nicht ausgebrochen, gäbe es keine Apfelbäume. Es gibt aber einen Unterschied zwischen Ödipus und meinen Apfelbäumen. Die Hybris, der strafbare und bestrafte Heroismus, ist den Apfelbäumen nicht möglich. Sie sind tragisch, ohne es zu wissen; sie sind ein unbewußter Ödipus. Tragisch sind sie für mich, nicht für sich selbst. Wer weiß, ob Schopenhauer nicht recht hatte und die Tragödie nicht der uns gemeinsame Ozean ist, aus dem die Apfelbäume und ich selbst sprießen. Warum wird der tragische Wille, einerseits von den Apfelbäumen, andererseits von mir, in diesem Frühling vertreten?

Wie ist das alles möglich? Wie kommt es, daß mir Knospen einen tragischen Blick auf die Welt auferlegen und daß mir sogar das Wort »Schicksal« fremd klingt? So erlebe ich ja keinesfalls meine Zeit. Ich denke nicht »teleologisch«, denke »kausal« oder »struktural«. Die Welt ist keine Tragödie für mich, sondern sie ist das Theater des Absurden. Meine Zukunft ist nicht unabwendbar »vorbestimmt«, sondern sie ist ein offener Horizont realisierbarer Möglichkeiten. Mein Weg ist keine

Reise nach einem Bestimmungsort (»Schicksal«), sondern eine abenteuerliche Reise, ohne Ziel und Sinn. Im Künftigen meine ich nicht, einen »Zweck« (ein Ziel) aufzudecken, sondern zu erfahren, welche Aussichten es gibt (»Freiheit«). Zu leben bedeutet nicht, Sinn in meinem Leben zu finden, sondern meinem Leben Sinn zu geben. Das tragische Lebens- und Weltgefühl (»der Fatalismus«) ist mir nicht fremd, ist aber verdeckt. Was in mir vorherrscht, ist das Erlebnis des Absurden. Mir ist das »Notwendige« kein Ziel, sondern Ursache. Die Natur ist kein Buch, das ich gründlich lesen müßte, um »richtig« zu leben. Ich bin weder Orphiker noch Mohammedaner. Die Natur an sich hat keinen Sinn, sie erhält Sinn, wenn sie durch mich und meine Mitmenschen in Kultur verwandelt wird. Das ist, was meiner Meinung nach die Natur von der Kultur unterscheidet: Kultur ist der lesbare Text (die kodifizierte Welt) auf natürlichem, wertfreiem Boden. Wie ist es möglich, daß Knospen die von meiner antitragischen und antifatalistischen Kultur auferlegten Kategorien umstürzen können?

Die Frage kann im Rückgriff auf die formale Logik leicht umgangen werden, beantwortet wird sie aber trotzdem nicht. Formal gibt es drei Typen von »Erklärungen«:

(a) teleologische, die den Zweck, das »um zu« angeben, (b) kausale, die mit dem »Grund« und (c) formale, die mit »folgendermaßen« antworten. Zum Beispiel: (a) Vögel bauen Nester, um dort ihre Eier zu bewahren, (b) Vögel bauen Nester aufgrund ihres Instinkts, und (c) Vögel bauen Nester in Form eines Kegels. Die erste Erklärung ist die zufriedenstellendste, weil etwas sinnvoll erklärt wird. Die dritte Erklärung befriedigt am wenigsten, weil sie zu formal bleibt. Die Geschichte des Denkens beginnt mit den teleologischen Erklärungen, die aber zugunsten der kausalen Erklärungen oft aufgegeben wurden; heute wird mit Bedauern auch die Kausalität zugunsten des Formalismus aufgegeben. Innerhalb der Geschichte des Denkens werden also die Erklärungen immer unbefriedigender. Das gilt aber nicht auf allen Gebieten im gleichen Rhythmus. Heute ist es nicht möglich zu sagen: »Es regnet, damit die Erde naß wird.« Aber daß »Tiere Augen zum Sehen haben«, ist weniger verletzend. Die Biologie ist tatsächlich weniger formal als die Physik, weil die teleologischen Erklärungen der Phänomene, mit denen sich die Biologie befaßt, weniger verletzend sind. Knospen geben mir ein tragisches Gefühl der Welt, weil sie biologische Phänomene sind, deren teleologische Erklärungen weniger verletzend wirken. Ich kann mich aber leicht von dem tragischen Gefühl befreien, wenn ich mich erinnere, daß es heutzutage schon kausale und formale Erklärungen für die Knospen gibt, so daß das tragische Gefühl anachronistisch primitiv und überwunden wird.

Auf diese Weise wurde die Frage umgangen, aber keineswegs gelöst. Es wurde der Begriff »Befriedigung« eingeführt, ohne daß er ausgearbeitet worden wäre. Kurz, es geht um die Befriedigung. Beim Anblick der Knospen, die in meinen Apfelbäumen aufgeblüht sind, befriedigen mich kausale und formale Erklärungen nicht. Die Befriedigung ist das einzige Kriterium für die Wahrheit. Es ist das, was Heidegger »das stimmt« nennt. Es stimmt, das Klima der Knospen und des Frühlings gibt uns das tragische Gefühl der Welt, so daß die teleologischen Erklärungen und die Zukunft als Schicksal in diesem Fall wahr sind. Wären die Knospen und der Frühling kausal oder formal erklärt worden, wären sie »wegerklärt« und nicht erklärt worden. Und das ist die Frage: Warum geben mir die Knospen und der Frühling ein tragisches Gefühl, warum vergegenwärtigen sie die Zukunft als Schicksal trotz aller anderen Erklärungen, die unbefriedigend sind und infolgedessen nichts erklären?

Ich bin weder Orphiker noch Mohammedaner, die Natur ist für mich weder eine Summe von Symbolen noch ein von Allah geschriebenes Buch. Ich glaube nicht, daß man die Natur entziffern muß, um ihre »tiefe Bedeutung« zu enthüllen. Noch glaube ich daran, daß der Prophet in seiner Liebe für die Menschheit ein zweites Buch, den Koran, diktiert hat, der die Lektüre des ersten Buches, das der Natur, erlaubt. Ich bin überzeugt, daß die Natur keinen Sinn hat, daß keine Absicht hinter ihr steht und daß es die Würde des Menschen ist, der Natur Sinn zu geben. Ich bin tatsächlich davon überzeugt, daß die Natur vermenschlicht werden muß, damit sie realisiert wird; die unbearbeitete Natur ist reine menschliche Virtualität. Ich bin zum Beispiel überzeugt davon, daß die Knospen, die ich betrachte, nichts Tragisches an sich haben, daß aus ihnen Äpfel werden, die später, zum Saft verarbeitet, Merano berühmt machen. Und ich bin überzeugt, daß die Apfelbäume an dem Ort stehen, weil sie ein Bauer dorthin gepflanzt hat. Sie sind kein Teil der Natur, sondern der Kultur. Sie haben einen Zweck und einen Sinn; einen Zweck und einen Sinn, die ihnen von den Bauern auferlegt wurden, wogegen die Knospen in meinem Obstgarten unleugbar ihre eigene Sprache sprechen. Sie sprechen verwandelt (verklärt) mit einer übermenschlichen und tragischen Absicht und sprechen vom Schicksal. Sie sagen die Wahrheit. Obwohl sie Kultur sind, sind sie in einem wunderbaren und geheimnisvollen Sinn weiter Natur.

Daher kann ich die Frage nicht beantworten. Ich bin Opfer zweier Ehrlichkeiten oder zweier Unehrlichkeiten. Es wäre unehrlich, leugnen zu wollen, daß mein Obstgarten nicht menschlichen Zwecken dient und daß er das Resultat des schönen Willens des Menschen ist, der ihm Wert und Bedeutung verleiht. Es wäre auch unehrlich, leugnen zu wollen, daß mein Obstgarten eine andere Bedeutung hat als die Obstplantagen für die Bauern. Es wäre ebenso unehrlich, wenn man leugnen sollte, daß Knospen nicht die Bedeutung fundamentaler Kräfte haben und daß die Säfte, die in den Ästen der Apfelbäume pulsieren, tragisch auch in meinen Venen pulsieren und uns beide, die Obstbäume und mich, in Richtung des unausweichlichen Schicksals treiben. Ich habe keine Antwort außer vielleicht dieser: Die »Hybris des Ödipus«, der tragische Heroismus der menschlichen Würde, beruht auf dem Sichbefassen mit Obstgärten und Obstsäften, in verzweifelter Herausforderung des tragischen und mysteriösen Saftes, der in bestimmten kritischen Augenblicken, etwa mit den Knospen im Frühling, ausbricht.

Nebel

Seit ein paar Tagen beginnt die abendliche Wettervorhersage mit dem gleichen Satz: »Nach Auflösung der anhaltenden Morgennebel …« Tatsächlich wache ich in letzter Zeit in einem milchigen Licht auf, weil die Sonne die Wolken nicht durchbrechen kann. Es ist ein Zustand, der leider von der Literatur und von Schlagworten dermaßen belastet ist, daß es mir schwerfällt, ihn konkret zu erleben. Der Morgennebel ist in einen »dichten ideologischen Nebel« gehüllt, der zuerst entfernt werden muß, damit ich dort draußen den nichtmetaphorischen Nebel sehen kann. Während ich mich bemühe, die ideologischen Wolkenschwaden zu beseitigen, kommt mir der Gedanke, Menschen in zwei Gruppen einzuteilen: in jene, die diffuses Licht, und die, die Klarheit suchen. In »Fans« von Gruselgeschichten und in die, die Kreuzworträtsel lösen, in die, die in Tiefen schürfen, und in die Aufklärer. In die Inspirierten und die Mißtrauischen. In die, die am Allgemeinen interessiert sind, von dem sich unbestimmte Dinge abheben, und in die anderen, die an Unterschieden zwischen Dingen interessiert sind. Kurz: in Metaphysiker und in Phänomenologen. Die ersten wollen durch den Nebel dringen, die zweiten den Nebel abschaffen. Die ersten bejahen und die zweiten verneinen ihn. Es sind zwei grundsätzlich entgegengesetzte Einstellungen, zwischen denen sich die große Wasserscheide befindet, die die Menschheit trennt. Es geht aber um Einstellungen, nicht um verschiedene Situationen. Alle Menschen leben, weil sie Menschen sind, im Nebel, ob sie wollen oder nicht.

Ich will aber nicht in ihm sein. Obwohl ich gestehen muß, daß mir die Einstellung der Nebel-Fans nicht fremd ist und ich selbst oft der Verführung durch ein Mysterium verfiel, habe ich die mißtrauische Einstellung gewählt. Es scheint mir, daß das Entfernen von Nebeln die einzig würdige Einstellung ist. Ich habe mich zugunsten der Oberfläche gegen die Tiefe entschlossen, weil sich, meiner Meinung nach, hinter dem Nebel nichts Tiefes verbirgt und der Nebel nur eine Illusion ist, die eine konkrete Oberfläche verdeckt, hinter der sich nichts verbirgt. Obwohl es so scheint, ist das kein Wortspiel. Meiner Meinung nach beginnt die wahre Aufgabe erst nach dem Zerreißen der Nebel, sie beruht in dem Versuch, die bloßgestellten Oberflächen zu ergreifen und zu verstehen, nicht in einem in der Tiefe schürfenden Denken. Das tiefschürfende Denken erscheint oberflächlicher als das Denken, das die Oberfläche der Dinge zu erfassen versucht. Ich glaube, daß die germanischen Abgründe der ersten Hälfte des Jahrhunderts oberflächlicher sind als die angelsächsische Oberflächlichkeit der gleichen Zeit. Ich bin mit Goethe einig, wenn er sagt: »Man suche nichts hinter den Phänomenen, sie selbst sind die Lehre.« Ich werde daher versuchen, den metaphorischen Nebel zu entfernen, der den Morgennebel bedeckt, um zu versuchen, ihn in seiner Konkretion zu sehen.

Ich wohne in einem Haus, vor dessen Terrasse sich ein weites Panorama ausbreitet. Ein weites Tal, das von einer Reihe von Bergen, Berggipfeln mit Gletschern umgeben ist. Über die nahe liegenden Berge schweift mein Blick zu den majestätischen Gipfeln am Horizont. Aber nicht heute. Heute sehe ich nur den Obstgarten nah am Haus und ahne die Konturen der Tannen, die den Obstgarten umgeben. Heute ist mein Horizont eng. Indem ich dies sage, steigen in mir zwei Zweifel auf. Der erste Zweifel sagt, hätte ich das Panorama gestern nicht gesehen, wüßte ich nicht, daß er begrenzt ist. Der zweite Zweifel sagt, daß alle Horizonte gleich weit sind, weil sie Horizonte sind, Grenzen des Endlichen in Richtung des Unendlichen. Der erste Zweifel beschränkt sich auf den, der weiß, daß Nebel ist. Der zweite Zweifel setzt voraus, daß es eine absurde Aufgabe ist, Horizonte durch das Beseitigen von Nebeln erweitern zu wollen. Beide Zweifel müssen unter dem Prisma des konkreten Nebels, der mein Haus umgibt, betrachtet werden; und zwar der zweite vor dem ersten.

Es gibt eine Geschichte, die von der Eroberung von Syrakus durch die Römer berichtet. Ein Zenturio dringt ins Haus des Archimedes, um ihn aufzufordern, Heerführer der römischen Legionen zu werden. Archimedes lehnt unter dem Vorwand ab, keine Zeit zu haben. Er war von den Problemen des Kreises absorbiert. Den Zenturio hat diese Entfremdung erstaunt. Wie war es möglich, sich mit dem Kreis zu befassen, während das Imperium im Begriff war, die Welt zu erobern (Orbis terrarum)? »Ebendeshalb«, antwortete Archimedes. »Ich will beweisen, daß es nichts nützt, den Umfang des Kreises zu vergrößern, weil die Beziehung zwischen dem Umfang und dem Radius konstant ist.« Im Angesicht eines solchen umstürzlerischen Unsinns mußte der Zenturio Archimedes töten. Diese Anekdote sollte nicht bloß als Parabel für den Konflikt zwischen dem Engagement für die Geschichte und dem Engagement für Formen dienen. Denn das wahre Problem, das die Geschichte schildert, ist das folgende: Wenn der Fortschritt, formal gesehen, sinnlos ist, wenn Horizonte zu erweitern bedeutet, der gleichen Form verhaftet zu bleiben. Anders gesagt: Wenn die Kreise des Archimedes die römischen Kriegsmaschinen zur Absurdität geführt haben (obwohl diese auf seinen Studien fußten), was hat Archimedes gemacht? Reine Theorie? Überholung der Politik dank Nachdenken über Formen? Ja, aber hat Archimedes selbst nicht Horizonte erweitert durch sein Nachdenken über die Formen? Und ist er der gleichen Form verhaftet geblieben? Das Problem der Geschichte ist folgendes: Das Argument des Archimedes gegen den Zenturio kann gegen Archimedes selbst angewandt werden. Aber nicht auf die Weise, daß der Zenturio fortschrittlich und Archimedes reaktionär wäre. Das wäre das Argument des römischen Zenturio. Aber: Archimedes ist ebenso fortschrittlich, folglich absurd, wie der römische Zenturio. Beide verbreiten Nebel, wenn auch verschiedene Nebel. Sollte das

Argument des Archimedes richtig sein, dann ist die Theorie ebenso absurd wie die Praxis, und es bleibt in Syrakus und heute nur der Zynismus oder der Stoizismus.

Die zynische Einstellung zum Nebel, der mein Haus umgibt, ist, daß der Horizont, den ich heute sehe, ebensogut ist wie der, den ich gestern gesehen habe. Der Horizont eines »caboclo nordestino« ebensogut ist wie der eines Studenten in Harvard. Und die stoische Einstellung zum Nebel, der mein Haus umgibt, ist folgende: Wenn ich den heutigen Horizont ebenso wie den gestrigen akzeptiere, werde ich mit beiden zufrieden sein. Der caboclo wird glücklich sein, wird nicht versuchen, seinen Horizont zu erweitern, wird versuchen, sich zu begnügen. Der zynische und der stoische Standpunkt sind logisch und sind heute wie damals in Syrakus existentiell nicht umzustürzen. In diesem Sinn bleibt das Argument von Archimedes gegen den Zenturio und gegen sich selbst gültig. Beide Standpunkte überholen die Politik nicht dank einer Theorie, sondern dank der Verneinung von Werten.

Ethisch sind beide Standpunkte unhaltbar, heute wie in Syrakus, und das beweist der Nebel, der mein Haus umgibt. Es genügt, von der Terrasse in Richtung der Tannen am Horizont zu gehen. Der Horizont wird meinen Schritten weichen. Gestern, ohne Nebel, wäre der Horizont nicht gewichen. Der vernebelte Horizont ist ethisch (praktisch) entfernbar, weil er nachgibt. Der klare Horizont gibt nicht nach. Es sind verschiedene Horizonte. Der erste ist eine entwürdigende Bedingung, da ich ihn dulde, schränkt er mich ein. Der zweite ist eine würdige Bedingung, weil ich sie nicht überschreiten kann. Aus diesem Grund sollte ich mich für klare Horizonte engagieren, gegen nebelhafte. Erst nachdem ich die nebelhaften Horizonte beseitigt habe, werde ich die wirklichen, mir auferlegten Einschränkungen sehen. Es ist folglich ethisch keine absurde Aufgabe, Nebel beseitigen zu wollen. Sie sucht keine Erweiterung der Horizonte (das wäre gewiß absurd), sondern die Begegnung mit echten, nicht erweiterbaren Horizonten. »Entideologisieren« bedeutet nicht befreien (das wäre gewiß absurd), sondern echte Bedingungen erscheinen zu lassen.

Der andere Zweifel, der durch meinen Nebel hervorgerufen wurde, demzufolge es nur für denjenigen Nebel gibt, der von dem Nebel weiß, kann pragmatisch nicht widerlegt werden. Der Zweifel behauptet, daß derjenige, der in meinem Haus nicht wohnt und folglich das gestrige Panorama nicht kennt, kein Motiv hat, zu den Tannen zu gehen. Er überlegt nicht, er ist sozusagen spontan zynisch und stoisch. Er akzeptiert die Einschränkung durch den Nebel, er begnügt sich, paßt sich an, weil er den Nebel für wirklich hält. Der Zweifel behauptet, daß der, der Opfer einer Ideologie ist, dies nicht wissen kann, weil er seine eigene Ideologie für das objektive Wissen hält. Das ist die bekannte marxistische These. Dem Marxismus nach muß jede Entideologisierung von der unterdrückenden Klasse ausgehen (weil sie die einzige ist, die von der Ideologie weiß). Das Bürgertum ist das Bewußtsein des Proletariats. Die Unterdrückten widersetzen sich deswegen spontan den Bemühungen einer Entideologisierung: Sie sind spontan zynisch und stoisch. Beispielsweise Che Guevara und die bolivianischen Bauern. Wenn es innerhalb der unterdrükkenden Klasse selbst keinen Widerspruch gäbe (dialektisches Bewußtsein der Ideologie), gäbe es nie ein Motiv für die Abschaffung von Ideologien. Jedes »Opium« würde ewig, weil perfekt, funktionieren.

Aber dem konkreten Nebel, der mein Haus umgibt, gelingt es, den Zweifel auf folgende Weise zu zerstreuen: Obwohl der konkrete und der metaphorische Nebel ähnliche Phänomene sind (beide verdecken die Wirklichkeit), ist der konkrete Nebel ein natürliches, der metaphorische ein kulturelles Phänomen. Das konkrete ist gegeben, das metaphorische erzeugt. Der konkrete Nebel verdeckt die Wirklichkeit mit seiner eigenen Wirklichkeit, der metaphorische Nebel ist von »Schleiermachern« gewählt. So daß wir zwischen zwei Arten von Mysterien unterscheiden müssen: zwischen der Dunkelheit der Wirklichkeit selbst und der Dunkelheit dank der Dunkelmänner. Anders gesagt: Selbst wenn es uns gelänge, den ganzen ideologischen Nebel zu beseitigen, würden wir immer noch nicht die strahlende Oberfläche der Wirklichkeit finden, aber konkrete Nebel wie die, die mein Haus umgeben. Nicht im Verdecken der Wirklichkeit liegt die Unwürdigkeit der Ideologien, sondern im Verdecken des Mysteriums der Wirklichkeit. Die primitiven und naiven Marxisten (nicht die authentischen und gebildeten) begehen den Fehler, anzunehmen, daß Entideologisierung schon Entfremdung von der Wirklichkeit bedeutet. Ein solcher Glaube ist selbst schon eine Ideologie. Entideologisieren bedeutet im Gegenteil, sich den konkreten Nebeln zu öffnen. In diesem Sinn kann Bloch behaupten, daß die wirkliche Religiosität erst nach der Abschaffung der etablierten Religionen möglich ist. Das ist im Grunde sein »Prinzip Hoffnung«.

Der konkrete Nebel, der mein Haus umgibt, ist nicht nur für den da, der das Panorama gestern gesehen hat. Ein anderes Klima geht von dem Panorama aus. Das Klima war gestern von einer Klarheit, die alle Konturen gut sichtbar machte. Heute ist das Licht diffus, die Konturen sind verschwommen. Gestern war es »natürlich« zu unterscheiden; heute ist es »natürlich«, im Diffusen unterzutauchen. Gestern war die Vernunft zu der Szene passend, heute die Intuition. Obwohl ich nicht gern im Nebel wäre und das gestrige Panorama vorziehen würde, kann ich dem heutigen Klima nicht entgehen. Obwohl ich lieber zu den Mißtrauischen gehörte, bin ich genötigt, die konkrete Vernebelung, die mich umgibt, einzuatmen. Da ich versucht habe, den metaphorischen Nebel zu entfernen, muß ich dem konkreten Nebel erlauben, in meine Poren einzudringen. Das ist die Lehre des Phänomens (um mit Goethe zu sprechen): Erst nach dem Versuch, die ideologischen Schleier der etablierten Religionen zu verneinen und abzuschaffen, setzt konkret das religiöse Gefühl ein.

Ich weiß nicht, ob es sinnvoll ist, von einer »natürlichen Religiosität« zu sprechen, die vom Nebel, der mein Haus umgibt, hervorgerufen wurde. Man sollte vielleicht von einer »transkulturellen Religiosität« sprechen, von einer Religiosität nach der Enttäuschung mit den etablierten Religionen. Der Nebel, der mein Haus umgibt, geht autobiographisch den ideologischen Nebeln, die meinen Blick trüben, nicht voraus. Er wird erst nach ihrer Entfernung sichtbar. Der authentische »Homo religiosus« ist kein »Primitiver«. Der »Primitive« (sollte es ihn geben) ist Opfer ganz grotesker Ideologien. Der authentische »Homo religiosus« ist ein mißtrauischer (ein enttäuschter) Mensch. Er hat entdeckt, daß das Abschaffen der metaphorischen Nebel zu einem Untertauchen im konkreten Nebel führt. Ist das vielleicht Würde, metaphorischen Nebel zu beseitigen, um im konkreten unterzutauchen? Kein Dunkelmann zu sein, um in echte Finsternis zu tauchen? Hier muß die große Schwierigkeit zugegeben werden, zwischen der erzeugten und der gegebenen Finsternis zu unterscheiden. Wir müssen es. Nur dank der Unterscheidung (Vernunft) können wir in den echten Nebel tauchen.

Naturalmente

Die in diesem Buch enthaltenen Essays müssen nicht einzeln vorgestellt werden. Jeder einzelne Essay müßte für sich allein stehen können. Sollte das nicht der Fall sein, sind die Essays mißlungen. Sie bilden keine Einheit und sollten in jeder beliebigen Ordnung gelesen werden können, denn sie unterscheiden sich ebenso voneinander wie ihre Themen. Sie sind wahllos entstanden, sind Resultate des Zufalls. Der hier behandelte Stoff wurde von mir genauso behandelt, wie er erlebt wurde. Wer sich die Gewohnheit angeeignet hat, alles in den Mittelpunkt seiner Aufmerksamkeit zu stellen, von allem zum Nachdenken angeregt zu werden, der kennt das Faszinosum, das von allem ausgeht (alles wird zum Abenteuer). Er kennt folglich das Motiv zu diesem Buch. Organisch wird dadurch auch die stilistische Ungleichheit der Essays erklärt. Der Stil jedes Essays wurde durch den Stoff bestimmt. Die Dialektik von Stoff und Stil oder Inhalt und Form macht aber diese Behauptung problematisch. Gewiß wird das Thema vom Stil beeinträchtigt. Gewiß ist auch, daß alles erst zum Thema wird, nachdem es die eine oder andere Form angenommen hat. Die stilistische Ungleichheit der Essays ist Folge meiner verschiedenen Erfahrungen, Erfahrungen, die ich zum Gegenstand der Essays verarbeitet habe; weder der Stil noch die Themen erfordern daher eine einleitende Erklärung. Die Essays sind gelegentlich entstanden, sind Frucht eines Zufalls, der weder erklärt werden kann noch es nötig hat, erklärt zu werden. Er spielt sich »natürlich« ab.

Da dieser Band aber auch anders gelesen werden könnte, fühle ich mich genötigt, zum Schluß eine Erklärung abzugeben. Ich schrieb im Laufe der letzten Jahre eine ganze Reihe Essays wie diese hier, weil ich von dem unerschöpflichen

Reichtum, der von konkreten Erfahrungen aus auf das Denken ausgeht, fasziniert bin. Die Essays wurden zum großen Teil in brasilianischen, amerikanischen, französischen und deutschen Zeitschriften veröffentlicht, insbesondere im »O Estado de São Paulo«. Rückblickend war ich darüber erstaunt, daß meine Themen meistens aus dem Gebiet der Kultur stammen, als ob die Erfahrungen der letzten Jahre ausschließlich kulturell gewesen wären. Als ob es die Natur für mich gar nicht gegeben hätte oder als ob sie sich ganz in dem Horizont meiner täglichen Erfahrungen befunden hätte. Es gibt dafür zwei Erklärungen: a) Ich bin ein »Intellektueller«, der jeden Kontakt mit der Natur verloren hat, und b) die ganze technologische und verwaltete Gesellschaft, der ich angehöre, hat diesen Kontakt verloren. Es sind wahrscheinlich beide Interpretationen richtig, und keine davon ist befriedigend. Es muß einen grundlegenden und weniger ersichtlichen Grund geben, warum die Natur gar nicht oder nur selten von mir und von der Gesellschaft erlebt wird. Die Ursache wird wahrscheinlich in der Mutation des Begriffs »Natur« liegen.

Um diese Ursache aufzudecken oder um mich ihr mindestens etwas zu nähern, habe ich zweierlei gemacht: a) Ich habe zehn von den in Paris unter dem Namen »La force du quotidien« gesammelten Essays zusammengestellt, die zweifellos von kulturellen Dingen handeln, etwa von Stöcken, Flaschen, Füllfederhaltern, Mauern, Spiegeln, Büchern, Betten und Autos, um die Macht, die die Instrumente (die Kultur) auf den Alltag ausüben, zu illustrieren. Um zu illustrieren, wie die Kultur, weit davon entfernt, den Menschen von den Kräften der Natur zu befreien, den Menschen einschränkt, folglich zur »zweiten Natur« wird. Ich versuche, die Kultur nicht als etwas Erzeugtes, sondern als das Gegebene, folglich als Natur darzustellen. Der heutige Mensch hat die Beziehung zur Natur, im alten Sinn des Wortes, schon ganz oder zum großen Teil verloren, weil die Kultur den existentiellen Impakt der traditionellen Natur ersetzt. b) Da ich mich mit einem solchen »negativen Beweis« nicht begnügt habe, habe ich begonnen, mich zuerst gewollt und später spontan für Erfahrungen mit der Natur, im traditionellen Sinn des Wortes, zu öffnen. Diese Essays sind das Resultat. Zuerst habe ich befürchtet, daß sich die Erfahrungen mit der Natur von dem existentiellen Impakt, den die Kultur ausübt, nicht unterscheiden und daß es also heutzutage keinen ontologischen Unterschied zwischen der Natur und der Kultur mehr gibt. Infolgedessen sollte der ontologische Unterschied zwischen einer befreienden und einer bedrückenden Erfahrung gemacht werden, beides ontologische Kategorien, die durch die traditionelle Alternative Natur/Kultur, Gegeben/Gemacht mißachtet werden. Nachdem ich die Essays von neuem überlegt hatte, bin ich unfähig zu sagen, ob der ursprüngliche Verdacht bestätigt oder widerlegt wurde.

Ich halte das für keinen Fehler. Ein »Essay« ist folgendes: ein Versuch, das Resultat einer Arbeitshypothese aufzudecken, ohne am Resultat interessiert zu sein. Es interessiert nur das, was sich während des Versuchs zeigt. Der ursprüngliche Verdacht kann entweder bestätigt, widerlegt oder offengelassen werden. Dem Autor kommt es nur darauf an, daß während des Schreibens ganz neue, unerwartete Aspekte zum Vorschein kommen. Mein ursprünglicher Verdacht war weder der einzige noch wichtigste Anlaß zu diesen Essays. So wie immer war das wirkliche Motiv die Faszination, die die Erfahrungen, von denen berichtet wird, ausgeübt haben.

Der ursprüngliche Verdacht verleiht den Essays indessen eine gewisse Einheit. Nicht nur, weil sie von natürlichen Dingen im gegenwärtigen und traditionellen Sinn des Wortes handeln, sondern weil ich meine Erfahrungen mit der Natur aufeinanderfolgenden Tests unterworfen habe. Mit diesen Tests bin ich verschiedentlich auf das Verneinen der Position von »Natur« gestoßen. So zum Beispiel versuchte ich im »Regen«, die Natur mit der Kultur als einen »manipulierten Entwurf« zu verneinen. In der »Zeder« die Natur, das Natürliche, durch seinen Gegensatz, durch das »Fremde«, das von außen Hineingebrachte, zu verneinen. In »Kühe« habe ich versucht, das Ursprüngliche, das Spontane der Natur im Gegensatz zum Künstlichen (Technik, Kunst) zu beschreiben. In »Gras« versuchte ich, das Gras als Objekt einem Subjekt entgegenzustellen, das das Objekt verneint. In »Finger« faßte ich die Natur als »Gesundheit« auf und widerlegte sie durch ihr Gegenteil, durch Bedrückung, Manipulation oder Apparat. In »Mond« stellte ich die Natur als spätes und romantisches Resultat der Kultur dar. Im Essay »Berge« versuchte ich Begriffe auszuarbeiten, die der Geschichte und der Gesellschaft gegenüberstehen. In »Vögel« habe ich mich bemüht, die Natur als eine Einheit zu sehen, der ich einen Code entgegengesetzt habe, der die Lektüre ihrer Bedeutung erlaubt. In »Täler« wurde die Natur als die Bühne für das Drama der Menschheit dargestellt; in »Wiesen« wurde sie zum Zeugen menschlicher Arbeit. In »Der falsche Frühling« stellte ich den griechischen Begriff der Natur (Physis) der Naturwissenschaft entgegen. In »Wunder« tat ich das gleiche mit dem jüdisch-christlichen Begriff (Schöpfung) in Opposition zur Naturwissenschaft. In »Winde« versuchte ich, den Gegensatz zwischen der »Hierophanie« und dem »transzendenten Gebot« der Natur auszuarbeiten. In »Knospen« setzte ich das Tragische dem Absurden in der Natur entgegen und in »Nebel« die ideologische Mystifikation der Natur dem authentischen Mysterium einer sich verhüllenden und sich entblößenden Natur.

Ich bin mir dessen bewußt, daß ich die Variationen des dialektischen Spiels mit der Natur nicht erschöpft habe, ich glaube, daß dieses Spiel unbegrenzt ist. Man kann der Natur praktisch alles entgegenstellen, und die Anwendung des Wortes »Natur« wird dadurch problematisch. So weite Begriffe drohen leer und bedeutungslos zu werden. Möglicherweise ist es an der Zeit, das Wort »Natur« durch bescheidenere und bedeutungsvollere Worte zu ersetzen. Ein solcher Vorschlag ist offenbar utopisch, weil das Wort »Natur« tief in unserer Sprache, in unserem Denken verwurzelt ist, so daß es auch weiter Verwirrung stiften wird.

Noch wichtiger aber als die Entdeckung der Bedeutungslosigkeit des Wortes »Natur« im Laufe der Essays war folgendes: In dem Maße, in dem ich die dialektischen Paare auf die beobachteten Phänomene angewandt habe, verweigerten sie ihre Antwort. Sie haben weder mit »ja« noch mit »nein« auf die vorgeschlagenen Alternativen antworten wollen. Der »Regen« hat die Frage, ob der Regen das Gegenteil von künstlicher Berieselung ist, weder mit »ja« noch mit »nein« beantwortet. Auch der Nebel hat die Frage, ob der Morgennebel im Gegensatz zum ideologischen Nebel steht, weder mit »ja« noch »nein« beantwortet. Die Phänomene gaben mir überraschende Antworten, verwirrten die Fragen und brachen meine Vorurteile entzwei. Da die Serie der Essays mehr oder weniger disziplinierte Tests befolgt, ist sie diskursiv. Die Antworten bilden aber keine diskursive Reihenfolge. Der Anfang der Essays scheint diszipliniert und diskursiv an einer Wäscheleine zu hängen und das Ende der Essays unordentlich in dem Wind, der von den hartnäckigen, unbändigen Erfahrungen der Essays bläst, zu schaukeln. So daß auf diesem Niveau der Lektüre dieser Band anfangs absichtlich linear diskursiv ist und am Ende chaotisch und unentschlossen wird. Wer die Essays in der von mir beabsichtigten Ordnung liest, wird feststellen, wie dieser Anspruch von den berichteten Erfahrungen verachtet wurde. Das, was überlegt geplant war, scheiterte vor der Konkretion der Dinge. »Natürlich.«

Mit dieser Beichte sollte sich die Erklärung begnügen. Ich nehme aber an, noch zwei Zwischenbemerkungen machen zu müssen. Die erste, mehr oder weniger theoretische Zwischenbemerkung soll die Benennung dieses Bandes und seine Einordnung in Buchhandlungen und Bibliotheken erleichtern. Die zweite, eher subjektive Zwischenbemerkung soll die Veröffentlichung dieses Bandes im Kontext der aktuellen brasilianischen Literatur rechtfertigen.

Daß im späten Mittelalter ein Umbruch, eine Revolution im Denken, Empfinden und Bewerten des Westens stattgefunden hat und daß es infolgedessen einen Umbruch oder eine Revolution im Handeln und Leiden, im »In-der-Welt-Sein« derer, die dieser Kultur angehören, gab, ist ein Gemeinplatz. Ein wichtiger Aspekt dieses Umbruchs beziehungsweise dieser Revolution ist die sogenannte »Entdeckung« (oder Wiederentdeckung) der Natur. Eine Folge dieser »Entdeckung« ist die seltsame Tatsache, daß die Wissenschaft langsam vom Horizont zum Zentrum vorgestoßen ist, vom Erforschen uninteressanter und existentiell entlegener Dinge (Astronomie, Mechanik) zu Dingen, die für Menschen mehr Bedeutung haben (Biologie, Psychologie, Soziologie). Die Geschichte der modernen Wissenschaft ist von diesem seltsamen Umbruch geprägt. Es ist, als ob die wissenschaftliche Forschung ursprünglich absichtlich alle Themen, die interessieren, beiseite gelassen hätte, in der Hoffnung, sich ihnen später zuwenden zu können, nachdem alles weniger Interessante seine Lösung gefunden hat.

Es ist in diesem Kontext unnötig, dieses seltsame Phänomen erklären zu wollen. Formale Erklärungen (mathematisierbare Disziplinen: Astronomie und Mechanik) und sogar die historizistischen (die Praxis des revolutionären Bürgertums) sind einfach. Worauf es ankommt, ist festzustellen, daß sich die Physik (die Disziplin, die sich mit der Bewegung von unbelebten Körpern befaßt) absurderweise als erstes systematisches System, als Modell aller folgenden Systeme, etabliert hat. Die Physik nimmt sich als »Naturwissenschaft« an, aber nicht in der gleichen Bedeutung wie »Physis« (obwohl es das Wort »Physik« nahelegt), weil »Physis« für die Griechen die belebte Summe der belebten und unbelebten Dinge war und »Natur« in der Physik die unbelebte Summe von belebten und unbelebten Dingen ist. Der Vorstoß der modernen Wissenschaft war jedenfalls der Vorstoß von der Natur aus in Richtung des Menschen und der Gesellschaft.

Dieser Fortschritt nimmt gegenwärtig sein Ende. Nicht nur, weil die Wissenschaft heutzutage den Menschen und die Gesellschaft einschließt und daher nicht mehr fortschreiten, nur präziser werden kann, sondern weil sie aktuell gegen eine unüberwindliche Grenze stößt. Als sich die Wissenschaft in Regionen bewegt hat, an denen der Mensch existentiell nicht interessiert war, gab es die Möglichkeit, an ein objektives Wissen zu glauben. Jetzt, wo die Wissenschaft in Gebiete vordringt, in die der Mensch verflochten ist (an denen er selbst interessiert ist), kann die Unterscheidung zwischen dem erfahrbaren Objekt und dem erkennenden Subjekt nicht aufrechterhalten bleiben. Der Mensch ist in diesen Regionen zugleich Subjekt und Objekt. Diese Schranke, die den wissenschaftlichen Fortschritt hemmt, ist ein wichtiger Aspekt dessen, was Husserl die Krise der westlichen Wissenschaft nennt. Anders gesagt: Die so merkwürdige Natur, von der aus der wissenschaftliche Fortschritt in Richtung Mensch und Gesellschaft vorgestoßen ist, enthüllt sich jetzt als objektiver Horizont und nicht mehr als solider Boden unserer konkreten Wirklichkeit.

Eine solche Krise der Wissenschaft (gleich, ob sie auch als eine der Ursachen der allgemeinen Krise oder als Manifestation einer radikaleren Revolution angesehen wird) verlangt sowohl eine radikale Reform der wissenschaftlichen Methoden als auch ein Interesse der Wissenschaft an den Dingen. Diese Reform ist bereits im Gange. Das Interesse wendet sich den allernächsten Dingen zu, Dingen, die uns am meisten betreffen. Die Richtung des Fortschritts im Bereich des Wissens beginnt sich etwas anderem zuzuwenden. Was die Methoden angeht, fußen sie auf der Beziehung zwischen dem Erkennenden und dem Erkannten und auf dem Effekt, den das Wissen auf den Erkennenden und das Erkannte hat. Kurz gesagt, die

Wissenschaft wird sich ihrer selbst als eine Disziplin des Menschen, der in der Wirklichkeit steht und interessiert ist, die Wirklichkeit zu ändern, bewußt; als Wissenschaft, die nicht mehr die Illusion hat, bloß theoretische Disziplin des Menschen zu sein, der die Wirklichkeit transzendiert.

Das bedeutet unter anderem, daß die Physik nicht mehr das Modell aller Wissenschaften ist, vielmehr als Modell etablieren sich Wissenschaften, die sich mit konkreteren Phänomenen befassen (wie z. B. die Kommunikationstheorie). Auf eine gewisse Weise beginnt daher »ab ovo« das ganze Bemühen, die Welt um uns wissenschaftlich zu erkennen. Auf eine gewisse Weise sind wir heute ebenso ignorant und naiv, wie es die Pioniere der neuen Wissenschaft waren. Genauso wie sie mit dem Aristotelismus belastet waren, sind wir mit noch viel größeren Lasten objektiver Kenntnis, die sie angesammelt haben, befrachtet. Es geht gewiß nicht um ein totes Gewicht, sondern um ein Gewicht, das für zukünftige Verwendung in Anführungszeichen gesetzt werden muß (wieder nach Husserl), unter der Gefahr, daß wir immer weiter, sinnlos, gegen die Objektivität anrennen werden.

Diese neue Unkenntnis und Naivität, zu denen wir infolge unserer Krise verurteilt sind, bergen eine Chance. Wir können unsere Welt sehen, als ob sie niemals und von niemandem gesehen worden wäre. Wir sind alle Pioniere, und als solche können wir alles wagen. Wir können zum Beispiel wagen, Kataloge von Dingen, die uns umgeben, zu entwerfen. Da wir die ersten auf diesem Gebiet sind, können wir wählen, wie wir sie katalogisieren wollen. Diejenigen, die folgen werden, mögen uns kritisieren! Im Moment ist es gleichgültig, ob ein Inventar besser ist als ein anderes, solange es die zwei erwähnten Regeln befolgt: a) Es müssen erst Bestandsaufnahmen von Dingen gemacht werden, die uns interessieren, und b) wir müssen zugeben, daß, obwohl uns das Interesse an den Dingen von ihnen selbst auferlegt wurde, es erst das Interesse ist, das sie zu Dingen macht.

Dieser Band sowie der in Paris veröffentlichte, der diesem hier vorausgeht, ist einer von zahlreichen anderen Versuchen einer Inventarisierung im erwähnten Sinn. Er kann nur in einem nicht traditionellen Sinn des Wortes als »wissenschaftlich« bezeichnet werden. Er nimmt an jenem Gebiet der Forschung teil (gleichgültig, ob es um das phänomenologische, kommunikologische Gebiet, oder wie immer man es nennt, geht), das die Wissenschaft der Zukunft ergeben wird. Das Resultat der hier vorgelegten Essays interessiert deshalb nicht. Interessant ist nur die Einstellung zur Welt, die sich in ihnen äußert. (Sollte sie sich in ihnen tatsächlich äußern.) Ich glaube, daß das gegenwärtige Buch mit allen seinen Fehlern, Unterlassungen und Lücken als Teil einer embryonalen Literatur angesehen werden kann, deren Initiatoren Husserl, Ortega, Bachelard und andere waren.

Dieser Band wurde in Europa geschrieben, genauer gesagt am Ufer der Loire, in einem Alpental und während der Fahrt durch Mitteleuropa. Unvermeidlich spiegelt sich diese Tatsache in den Essays. Die gewonnene Erfahrung ist die Erfahrung mit der europäischen Natur. Ich bezweifle, daß ich ähnliche Essays in Brasilien hätte schreiben können, und zwar nicht, weil die brasilianische Natur anders als die europäische ist, sondern aus viel tiefer liegenden Gründen. Die Natur in Brasilien steht dem Menschen feindlich gegenüber, wogegen sie in Europa zugänglich ist. Hätte ich die Essays in Brasilien geschrieben, wären die Essays nicht mit der Natur, sondern gegen sie geschrieben worden. Es hätte ein anderes Buch ergeben. Nicht nur andere Aspekte wären behandelt worden, sondern es wäre selbst das Thema anders. Mit dem Begriff »Natur« hat man in Brasilien eine andere Erfahrung, der Begriff hat dort eine andere Bedeutung, einen anderen Wert als in Europa. Ein solcher Unterschied der Bedeutungen ist nicht nur durch die Unterschiede in Geographie und Geschichte der beiden »Welten« erklärbar. Es geht nicht nur darum, daß das Klima in Brasilien »wärmer« ist als in Europa oder daß die brasilianische Gesellschaft »jünger« als die europäische ist. Der Unterschied liegt viel tiefer; er hat mit dem existentiellen Klima zu tun. Der Europäer flüchtet in die Natur vor der Kultur, und das ist nicht neu (z. B. war es die Folge der Romantik und anderer ähnlicher Ideologien). Es hat schon bei den Griechen und den Römern die Bukolik gegeben. Auch in Brasilien, wo es immer schon den europäischen Einfluß gegeben hat, ist die Tendenz einer »Rückkehr zur Natur« nicht unbekannt, doch ist dieser importierte Einfluß nicht viel mehr als eine leere Geste. Im Unterschied zum Europäer ballt sich die brasilianische Gesellschaft in dichtbesiedelten Zentren, um der Bedrohung von seiten der Natur zu entgehen. Die Folge davon ist eine »schlechte Verteilung« der brasilianischen Bevölkerung trotz vieler leerer Gebiete, die Tendenz, Hochhäuser in kleinen Städten zu bauen, das Ansammeln der Bevölkerung auf nur wenigen von den vielen Stränden und überfüllte Klubs. Das entspricht nicht dem Europäer; der Europäer fühlt sich grundlegend von seinem Nächsten bedroht: »Homo homini lupus«, wogegen sich der Brasilianer von anderen, außermenschlichen Kräften bedroht fühlt. Der Europäer ist infolgedessen grundsätzlich an der Veränderung der Gesellschaft interessiert und der Brasilianer an der Veränderung der Natur. Es gibt in der brasilianischen Gesellschaft eine fundamentale menschliche Solidarität, die zwar nicht immer zu spüren ist, die aber dem Leben dort das charakteristische Klima von Humanität und Sympathie verleiht, das wir in Europa derartig vermissen.

Die Gegensätze dieser zwei Welten überschneiden sich zum Teil (da es in Brasilien die Identifikation mit der Natur, z. B. bei Guimaraes Rosa, auch gibt, und in Europa existiert ein starker Wunsch, in die Natur zu fliehen, z. B. in die Pariser Vororte), doch dennoch führt dieser Gegensatz, trotz allem, zu einem der vielen Mißverständnisse zwischen den zwei Welten. Der Europäer kann die tiefsitzende Gegnerschaft des Brasilianers gegen seine Natur nicht fassen, versteht sie als eine

Art von Entfremdung, weil er nur das Engagement zugunsten einer menschlicheren Gesellschaft kennt. Der Brasilianer begreift andererseits das europäische Engagement nicht, weil ihm die europäische Situation vollkommen »zivilisiert« erscheint, an der nichts mehr zu machen ist, und »machen« bedeutet für ihn, die Natur zu bezwingen. Dieses Mißverständnis ist tragisch, weil beide Welten verurteilt sind, miteinander zu leben und sinnvoll miteinander zu kommunizieren.

Wenn wir das erwägen, stellt sich die Frage, wie die Publikation dieses Buches, das von der europäischen Natur handelt, im brasilianischen Kontext zu rechtfertigen ist. Wäre dieses Buch von einem Europäer geschrieben, würde die Antwort einfach sein. Der Band könnte ein Beitrag zur Beseitigung des Mißverständnisses sein wollen. Ich schrieb dieses Buch aber als einer, der den größten Teil seines Lebens in Brasilien verbracht hat und von Brasilien sehr beeinflußt in sein heimatliches Europa zurückgekehrt ist. Als einer, der für Brasilien engagiert ist, obwohl ich, infolge meiner Biographie und gegenwärtigen Situation, Empathie mit der europäischen Natur habe.

Seltsamerweise hat das mit dem vorhergehenden Argument in bezug auf die gegenwärtige epistemologische Krise zu tun, wo es um die Tatsache geht, daß der Erkennende im Erkannten mit einbegriffen ist. Denn daraus ergibt sich, daß die objektive Erkenntnis mitsamt ihrem Korrelat, dem unbeteiligten, erkennenden Subjekt, ein unmögliches und vielleicht unerwünschtes Ideal ist. Es wird, im Gegenteil, die Entfernung wünschenswert, weil sie nicht mehr mit einer unverantwortlichen Transzendenz verwechselbar ist. Eine solche Entfernung, die ihr eigenes tiefes Engagement für das Erkennbare zugibt, aber zugleich einen unvoreingenommenen Standpunkt sucht, wird ein echter postobjektiver wissenschaftlicher Standpunkt sein.

Der sorgfältige Leser dieser Essays wird mein Engagement

für brasilianische Dinge zwischen den Zeilen gemerkt haben. Ich habe nicht über die europäische Natur geschrieben, um den brasilianischen Leser zu informieren, sondern um mit ihm ein Gespräch zu führen. Ich habe gar kein Interesse, die europäische Wirklichkeit zu ändern; habe in ihr keinen Fuß gefaßt, bin in Europa fremd. Ein solches Desinteresse erlaubt es mir, mich von den geschilderten Erfahrungen zu distanzieren, doch bin ich sehr interessiert daran, mit anderen einen Dialog zu führen, um die brasilianische Wirklichkeit möglicherweise zu ändern. Dieses Interesse bewahrt davor, daß die Entfernung zur Unverantwortlichkeit führt. Ich kann, aufgrund meiner biographischen und geographischen Situation, brasilianischer Zeuge einer europäischen Wirklichkeit sein, und das kann meinen Wunsch rechtfertigen, dieses Buch in Brasilien zu veröffentlichen.

Die Geduld des Lesers wird jetzt erschöpft sein. Ich muß mich zurückhalten und darf meinem Wunsch nicht nachgeben, den Leser an die Hand zu nehmen, um mit ihm die europäischen, unglaublich prachtvollen und verführerischen Wiesen, Felder, Wälder und Berge zu durchwandern. Ich widerstehe der Verführung und übergebe dem brasilianischen Leser diesen »Touristenführer«, sofern dieser unter Tourismus das erneuerte Synonym von »Theorie« versteht. Tourismus ist wie Theorie der interessierte, aber vorurteilslose Blick dieses provisorischen, auf der Welt fremden Wesens, des »Homo viator«.

Bei Fragen zur Produktsicherheit wenden
Sie sich bitte an den Carl Hanser Verlag:
Vilshofener Straße 10, 81679 München
info@hanser.de